は、「チャン」
」の方が知
るが、タイで
気の銘柄ら
イ)

▼タイ語でしか書かれていない「禁煙」の文字。タイ人の喫煙率は男性約36%、女性約2%(2011年タイ統計局調べ)。(タイ)

▼唐辛子がそのまま入っているソーセージ「ネーム」。(タイ)

▲にんにく入りヨーグルト。イランではライスにヨーグルトを載せる人もいるらしい。(イラン)

▲韓国風お好み焼き「チヂミ」に近いカットレット。(イラン)

▲茹でケバブとバドワイザーのひとりメシ外交。(イラン)

▲林檎の果汁と小麦のスピリッツで作られたアルコール度の高い甘いリキュール。(ドイツ)

▲この量でもハーフサイズのミートローフ。(ドイツ)

▲中国本土では身体を冷やさぬよう、夏場でもぬるいビールを出す店が多い。北京では「燕京」、上海では「青島」の人気が高い。(中国)

▲将来、火星に人間が住む時が来た時、タンパク質を摂取するのは蚕を食することが現実的らしい。(中国)

▲エジプト人は甘党が多い。写真は米を使ったデザート「ロズブラバン」。(エジプト)

▲そら豆を使ったコロッケ「ターメイヤ」。クレオパトラも食べたらしい。(エジプト)

▲北京オリンピックの際、公式レストランは犬肉の購入や客への提供が禁止されたが、現在は、市民の食卓に戻っているそうだ。(中国)

▲竹蟲はビタミンとたんぱく質が豊富。タイでも食べる地域がある。(ミャンマー)

▲「マハシ」。ナスの代わりにピーマンやズッキーニの中に米をつめることも。(エジプト)

▲モンドセレクションで金賞受賞6回。アジアで一番美味しいビールとも。(ミャンマー)

▲ひよこ豆が原料のシャン豆腐が載ったそば。モチモチ食感が楽しめる。(ミャンマー)

▲ナイジェリアのビールは、全般的にコクがあり、アルコール度数も高い。（ナイジェリア）

▲もともとスリランカはコーヒーの国だったが、イギリスが紅茶の技術を持ち込んだと言われている。（スリランカ）

▲スリランカの定番メニュー、キトルヤシの花蜜をかけた水牛のヨーグルト。（スリランカ）

▲日本でいうバーベキューのように焼いた料理を総称して「スヤ」と呼ぶ。（ナイジェリア）

▲西アフリカではキャッサバやヤム芋を餅状にしたものが主食の一つ。（ナイジェリア）

▲スリランカの代表的な銘柄「ライオンビール」。ビール評論家マイケル・ジャクソンも絶賛した黒ビールもある。（スリランカ）

▲カレーに添えた「パラタ」はインドのタミル料理なので、スリランカに住むシンハラ人はあまり食べない。（スリランカ）

▼アルちゃんが刺したレバー。しかし、まだ、焼き場はまかせてもらえないのだとか。（スウェーデン）

▲アンチョビポテトサラダ。世界一臭いと言われるスウェーデンの缶詰もイワシだった。（スウェーデン）

▼スロヴェニアには蕎麦粉を使った料理が多い。（スロヴェニア）

▲歓迎の印として出される塩とパン。この風習はロシアにもある。（スロヴェニア）

▲ワイン作りも盛んで、世界のワイン消費量でもトップ10内に入る。（スロヴェニア）

▲じゃがいもにレンズ豆を練り込んで、オーブンで焼いたパイ。（スロヴェニア）

▲ローストポーク。スロヴェニアには豚肉料理が多く、豚の内臓に蕎麦粉と栗の実を加えたソーセージもある。（スロヴェニア）

◀栄養価の高いナツメヤシ。昔は、砂漠を横断する際の必需品だったらしい。(トルコ)

▼チーズケーキだけではなく、蕎麦の実を使ったケーキやチョコも有名。(スロヴェニア)

▼「食べ切れないコース」。この後、ケバブが来る。煮込み料理やナン、ライスはお代わり自由らしい。(トルコ)

▲おこげも仰々しく皿に盛って出される。(トルコ)

▲ブドウから作られ、アニスで香りをつけた蒸留酒「ラク」。水を加えると白く濁る。(トルコ)

▲手前のケバブがラムのハツ(心臓)。イスラム教徒が多いトルコの犠牲祭では生贄として羊を捧げる。(トルコ)

▲イスラム教徒が多いが、比較的飲酒に寛容なトルコの代表的なビールは「EFES」。(トルコ)

▲ウイグル式水餃子「ペンツェル」は、ラム(子羊の肉)を使う。(ウイグル)

▼ウイグルでは小麦粉から、麺もパイも餃子もなんでも作る。(ウイグル)

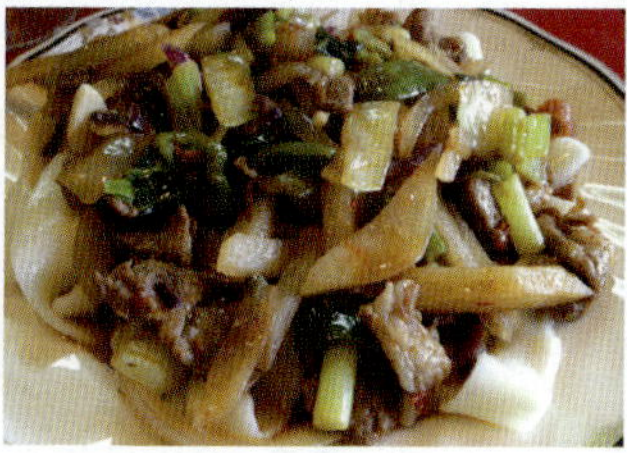

▲ケバブはトヌルと呼ばれる焼きかまどにタレを塗ってから入れて焼く。(ウイグル)

▲トルコ料理の「シシカバブ」は、インドの「シークカバブ」がなまった言葉だとか。(インド)

▼本来、「ビリヤニ」は手で食べた方が美味しいらしい。(インド)

▲ソ連時代は、まずくて有名だったビールもどんどんレベルが上昇。写真は、代表的な銘柄「バルチカ」。(ロシア)

▲インドの煎餅「パパド」に、野菜などにスパイスを混ぜ込んだ「マサラ」を載せた「マサラパパド」。(インド)

▲イスラム教徒が多いので、男性も仕事後はチャイ屋台でチャイとなる。(バングラデシュ)

▼スパイスを豊富に使う、バングラデシュのカレー。(バングラデシュ)

▲「グリヴィ」と呼ぶロシアの伝統料理。ロシア語で「きのこ」を意味するグリーブから来ている。(ロシア)

▲中国の水餃子に似た「ペリメニ」は、バターやマスタードをつけて食べることもある。(ロシア)

▲残されることも多い副菜は、環境問題を考え、近年、種類が減っているらしい。(韓国)

▼「トッポギ」は韓国屋台の定番メニュー。もともとは李朝宮廷料理。(韓国)

▲「カオリフェ」は、エイを壺などに入れて10日程発酵させる。強烈な臭いを発する。(韓国)

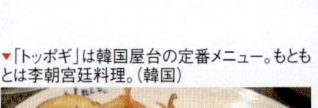

▲モンゴル版ピロシキ「ホーショール」は、モンゴル版餃子「ボーズ」と並ぶ代表的なモンゴル料理の一つ。（モンゴル）

▲塩茹での羊肉「チャンサン・マハ」は、お祝い事の時に食べる料理。（モンゴル）

▲馬乳酒は、肉食中心の遊牧民にとって、ビタミンやミネラルをとるため野菜の代わりとして飲まれる。（モンゴル）

▼ドミニカ共和国では米をよく食べる。塩と油を入れて炊く白米以外に、豆ご飯、トマトベースのスープで炊くご飯などバリエーションも豊富。（ドミニカ共和国）

▲食べた肉の消化促進にいいと言われる「焼きパイナップル」。（ブラジル）

▲鉄串に肉の塊を刺し、塩をふって、じっくり焼き上げる「シュラスコ」。（ブラジル）

▲トマトや玉ねぎをビネガーで和えた「ビナグレッチ」。肉にかけるとさらに美味しい。（ブラジル）

世界一周ひとりメシ in JAPAN

イシコ

幻冬舎文庫

世界一周ひとりメシ in JAPAN

はじめに

前作の『世界一周ひとりメシ』が世に出てから、日本の外に出ていない。日本の食事の美味《おい》しさと居心地のよさを再認識し、「旅」とは縁遠い生活を送っている。

そんなある日、親友夫妻の息子と食事をした。小学生の頃から知っている彼は、いつのまにか酒の好みを語るようになり、自分でお金を稼ぐようになり、立派な髭《ひげ》まで蓄えていた。そんな彼が驚くことを口にしたのである。

「来年、世界一周の旅に出ます」

フィリピンの語学学校で一カ月英語を学んでから、世界を巡るのだそうだ。彼の旅の計画を聞いているうちに、埃《ほこり》をかぶっていた僕の旅欲のスイッチが、ポチッと入ったようで、次に世界一周する際の希望ルートを考え始めた。ボリビアのウユニ塩湖をスタートして中南米、アフリカ、中近東……どんどん気分は昂《たかぶ》ってくる。

とは言うものの、改めて今の自分の生活を考えると唸《うな》ってしまう。数年前、世界一周から戻った後、岐阜に移り住み、村の行事へ参加するどころか消防団に入団する程、新生活にどっぷり浸《つ》かり、挙句にヤギまで飼い始めていた。月に一度程、取材や打ち合わせで東京に出ることはあるが、世界一周の旅となると現実味がない。結局、その晩、「今の僕には無理だな」という結論にいたった。

それから一カ月程経《た》ち、エッセイの取材で、東京は新大久保の街を歩いていた。韓国料理店や韓流アイドルのグッズを売る店舗が建ち並び、ハングルがあふれ、店内には韓国語が飛び交っている。酢飯ではなく、ごま風味の海苔《のり》巻きもいいものだなぁと韓国の海苔巻き「キムパプ」をつまみ、髪型と化粧は国によって感覚が違うものだなぁと韓流アイドルのブロマイドを眺めるなど、日本屈指の韓国人街を堪能していた。

闊歩《かっぽ》しているうちに、韓国人でも日本人でもない顔の濃い人たちが多い地域に入り込んでしまった。雑居ビルに「MOSQUE（モスク）」の文字が見え、周囲にはイスラム教の律法にのっとった食べ物「HALAL（ハラール）」の文字が書かれた料理店もある。韓国人街から目と鼻の先なのに、韓国からイスラム圏に突入していたのだ。

周囲の様子を眺めていると、中年のトルコ人男性から声をかけられた。来日して十五年になると自己紹介を始めた彼は日本語が堪能で、親しみやすいが、怪しさも持ち合わせている。獲物を探るような目で、「日本の女性は美しいね」とやたら言うからかもしれない。

「ハラールは、鶏を料理するのはイスラム教徒じゃなきゃダメ。でも、ハコブノハ(輸送は)違う宗教の人でもダイジョウブ」

垂直の串に肉を上から刺して積み重ね、回転させて焼くドネルケバブについて尋ねると、ハラールの定義を丁寧に教えてくれた。せっかくなので購入してみることにしたのだが、露店のように商品と引き換えに現金のやりとりが行われるわけではない。一旦、隣のハラールフードの専門店に入って注文し、そこで、使いまわされているような食券をもらい、再び外に出て、ケバブの脇に立つトルコ人に渡し、ようやくサンドイッチを作ってもらうことができる。外国のような雰囲気と馴染《なじ》みのないシステムに、日本語でやりとりしているにもかかわらず、『世界一周ひとりメシ』の時の感覚が蘇《よみがえ》ってきた。日本でも世界を味わうことができるんだなぁ……と考えてみれば当たり前のことを再認識したのである。

法務省の統計によれば、現在、日本には二百万人を超える外国人が住んでいる。岐阜県の人口と同じくらい、または、お隣の愛知県名古屋市が形成されるくらいの数だ。それだけの外国人がいれば、当然、自国の料理店を出す人が現れる。外国人が経営する店に入り、その国の料理を食べれば、多少なりとも現地の文化に触れることができるだろう。となれば、日本で世界一周気分を味わうことができ、外国人から見た日本を知ることもできるかもしれない。しかも、それだったら、出張の食事のついでに行くこともできるので、村の行事や消防団にも迷惑をかけないし、ヤギの世話だって、今まで通り、近所にお願いできるだろう。

平たい円形のパン「ピタパン」にハラールチキンとキャベツを挟んだサンドイッチを手にした時には、僕に声をかけたトルコ人はいなくなっていた。美しい日本人女性について行ってしまったのかもしれない。ほおばりながら再び歩き始めた。僕の味覚が鈍いのか、元々、味の違いはないのか、ハラールチキンは、普通のチキンと変わりはなく、ガーリックソースが効いた美味しいチキンサンドだった。

大久保通りに戻り、総武線が乗り入れている大久保駅へと向かった。思い立ったが吉日。早速、世界一周に出掛けるとしよう。日本だけどね。

目次

19 ドミニカ共和国
20 ブラジル

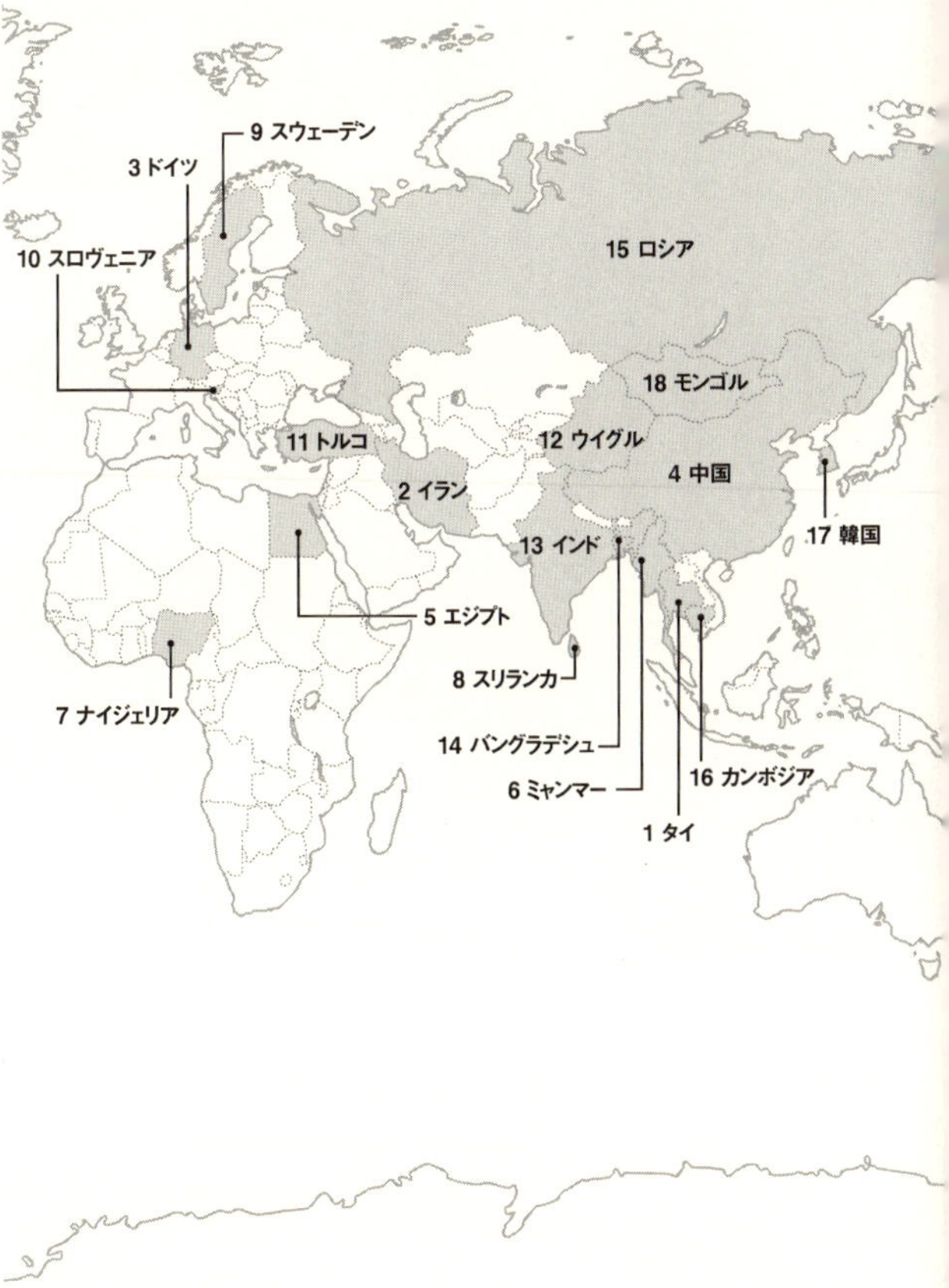

Map : Miho Horiuchi

1 テレビの位置が気になるタイ料理店(東京都墨田区)

「東京の錦糸町は外国みたいな場所やったでなぁ」

岐阜の消防団員が興奮気味に語っていた。銀座でも浅草でもなく、新宿や渋谷でもない、錦糸町という地名が出てきたことが興味深い。彼の東京見物で他のどの地域よりも外国人が目に飛び込んできた町だったらしい。

錦糸町駅に降り立つのは約二十年ぶりである。南口は再開発が進み、東京スカイツリーが見えることで二十年前とは全く違う印象を受けるが、北口はさほど変わらない。歩道橋とビルの位置関係から大阪の梅田駅前をこぢんまりさせたような感覚を憶える。そのせいかこの街は、ときに「東京の大阪」とややこしい呼び方をされる。

生活感が漂うロシア系白人の親子を見かけ、そういえば二十年前、錦糸町の駅前にはソ連崩壊前のソビエト映画専門映画館があり、歓楽街にはロシア人専門のパブがいくつもあって、ロシア人をよく見かけた。しかし、この日、ロシア系白人を見かけたのはその親子一組だけだった。それよりタイ人やフィリピン人など東南アジアの人々が、やたら目についた。

統計で見ると墨田区在住の外国人比率は三パーセント強と東京二十三区の中では平均的な数字である。住民の九人に一人が外国人という新宿と比べれば、かなり少ないはずなのに、錦糸町を歩いていると消防団員が言っていたように他の地域より外国の空気を強く感じる。

新宿は外国の空気を街全体で飲み込んでしまうパワーがあるが、錦糸町は外国の空気が入り込む余白が多いからなのかもしれない。街の中に、ぽつりぽつりと外国人経営らしき店が現れ、ぽつりぽつりと外国人を見かける。中国人や韓国人が圧倒的に多いのだろうが、目に留まるのは、タイ人、そしてタイ料理店やタイ式マッサージ店だった。

北口にも南口にも、タイ料理店はいくつもあり、中にはレストランの有名ランキングサイトで一位に輝いた店もある。ただ、店先に貼りだされたメニューを見ると一品千円以上の店が多く、ひとりメシで入るには少々高い。きっと量が多いのだろう。それを物語るかのように、ガラス越しに見える店内はグループメシやファミリーメシの客ばかりで、ひとりメシの客は見当たらなかった。

一時間程、歩き回っただろうか。車一台通れるくらいの路地裏にタイ料理店と食料雑貨店が一緒になっているようなこぢんまりとした店を見かけた。

ガラスに貼られたメニューを眺めると一品五百円程度。ひとりメシには悪くない。店内の薄暗い蛍光灯が古臭く怪しげで、タイの田舎町にありそうな店というのも魅力的だった。

店の扉を開けた瞬間、ナンプラーと酢が混じったような匂いが鼻をつく。首かけエプロンの上からパーカーを羽織った中肉中背の女主人は笑顔の迎え入れはなかったが、ぎこちない発音の「イラッシャイマセ」の声は、かけてくれた。歳《とし》の頃は四十歳半ばくらいだろうか。小さな顔と鼻の低さはタイ人っぽいが、顔の造りは探せば似ている日本のおばちゃんがいそうだ。

入口に一番近い、店内を見渡せる席に座る。女主人からメニューを受け取り、最初に目に留まったタイビール「リオ」を注文する。「シンハー」や「チャン」だけではなく、「リオ」まで置いてあるタイ料理店は日本では珍しい。

エビや豚のひき肉が入った辛い春雨サラダ「ヤムウンセン」を注文し、グラスにビールを注ぎ、すすりながら、改めて店内を見渡す。斜め右に冷蔵ショーケース、斜め左にタイ人男性の後ろ姿が見える厨房、そして正面に見どころが多そうな陳列棚がある。

タイ人僧侶が表紙を飾る雑誌、日本では見かけなくなったカセットテープ、原材料が想像つかない曲がりくねった揚げ菓子、ツバメが飛ぶ様が描かれた缶ジュース、ビニール袋に入れられた汁気の多い惣菜など、日本のスーパーやコンビニでは見かけないような商品が並んでいる。

客は僕以外に誰もいない。女主人は注文したヤムウンセンを机に置き、追加注文した辛いソーセージ「ネーム」を厨房に伝え終わると手持無沙汰になったのか厨房と客席の境のカウンターにもたれかかってテレビを観始めた。観入っているというよりは、惰性で観ている感じだ。

テレビから日本のニュース番組が流れていることはわかるが、僕からは映像を観ることはできない。店内奥の壁に設置され、その前に置かれた陳列棚でテレビが隠れてしまっているのだ。棚に並べられた食材の合間からテレビの存在がかろうじて確認できる程度で、あの位置では、店のどこに座っても観えないだろう。唯一、女主人が立つ場所からは観ることができるようだ。

歯を閉じたまま息を素早く吸い込み、舌の辛さをやわらげた後、一気にビールを注ぎ込む。それにしても辛い。ヤムウンセンはタイ料理独特の甘さも酸っぱさもあるが、唐辛子の辛さが圧倒的に舌を支配している。

入口近くのレジ台に置かれた白色の公衆電話が鳴った。女主人は受話器を取り、相手がタイ人であることを確認した後、タイ語で話し始めた。時折、鼻から抜けるタイ語独特の語尾が耳に心地よく、僕が店に入った時の「イラッシャイマセ」より明らかにテンションが高い。

公衆電話の脇には国際電話のかけ方がタイ語で記されたポスターと禁煙マークが描かれたステッカーが貼られ、壁には国王らしき大きな写真も飾られている。タイでは国王に対する人気が老若男女問わず高い。しかし、写真は現在、即位しているプミポン国王とは違う。セピア調の写真は、実家の仏壇の上にかかっている先祖の写真に混ざっていてもおかしくないような古臭さがあった。

厨房から、黒のキャップ帽に、シンハービールのラベルがプリントされた首かけエプロンをつけた小柄なタイ人中年男性が出てきた。

「うちのカミさんが電話中なので……」

とでも言いたげで、照れくさそうに微笑《ほほえ》みながら、テーブルに「ネーム」を置き、再び厨房へ戻って行った。

ネームもガツンと辛い。にんにくの香りがほんのり漂うソーセージの中に金太郎飴のように唐辛子がそのまま挟まれている。料理が辛いせいにしてはいけないのだろうが、ビールは、すぐになくなってしまう。

電話が終わった彼女に追加でビールを頼む。

「ハーイ」

電話に出る前より明らかに一段階、テンションがあがった。あのテンションなら人見知りの僕でも質問できそうだ。壁に貼られた国王の写真について聞いてみたい。

その前にトイレだ。店に入る前から行きたかったはずなのに、一度、席に座ってしまうと、ビールを一杯飲んでからにしようとなり、そのうち辛さで意識が舌に全て移ってしまい、今頃になって、膀胱がいい加減にしろと訴え始めたのである。

洋式便器の脇に、サニタリーボックスではなく、蓋のついていないゴミ箱が設置されていた。下水事情やトイレットペーパーの品質が悪い東南アジアの国々では、用を足した後に拭いたトイレットペーパーは流さないで、便器の脇に設置されたゴミ箱に捨てるトイレは意外に多い。東京の下水事情や日本のトイレットペーパーの品質であれば、余程のことでない限り、詰まることはないと思うが、一度、身についた習慣や考え方は、すぐには変わらないだろうし、こうした細かい生活習慣を残すことで、落ち着いて用が足せるってことが、あるのかもしれない。

トイレから出ると初めてテレビの本体と対面した。まだ新しい液晶テレビは陳列棚と壁に挟まれた狭い位置で息苦しそうに客席を向いていた。改めて逆側から店内を見渡す。道路に面した客席はガラス張りだし、片側は厨房だし、もう片側は冷凍食材が入った大きな冷蔵ショーケースが並んでいる。消去法で考えていくと残った場所はこだけだったのだろう。

陳列棚に並ぶ商品をいくつか手にとり、日本語訳を読む。醤油差しのような瓶には「砂糖入りコーヒー」と書かれている。原料はコーヒーミックスと砂糖。コーヒーではなく、コーヒーミックスとは何なのだろうか。ツバメの絵が描かれたジュースは「ツバメの巣風ドリンク」。「風」というのは、ツバメの巣で作られたドリンクではなく、ツバメの巣の味に似たドリンクということなのだろうか。次々に疑問が湧き起こる。ジャックフルーツやたけのこの缶詰、そして想像がつかない缶詰も目に留まる。クイズの答えでも見るかのように後ろに書かれた日本語表示を見るとバナナのつぼみの水煮と書かれている。いったいどうやって食べるのだろうか。食べ方は何も書かれていない。隣のグリーンカレーの缶詰には食べ方が書いてあるのに。鍋で温めるイラストだけだけど。

扉が開き、ユニクロの大きな袋を抱えた若いタイ人女性二人組が入ってきた。入ってくるなり、トップギアのテンションで女主人とタイ語で話し始める。常連客なのだろう。ひとしきり話した後、彼女たちは、僕の姿に気付き、一瞬、会話のトーンが下がり、タイ人に間違えられた経験がある僕の顔を判別するような顔つきになったが、日本人と判断したのか、再び声のトーンを上げて会話を続けた。

彼女たちの一人は陳列されていた曲がりくねった揚げ菓子を手に取り、袋を開けると、買い食いする子供のようにつまみながら、僕の座っていた席の隣のテーブルに陣取った。会話は一向に終わる気配がない。

国王の話を聞くタイミングを逃してしまったようだ。彼女たちの会話に割って入ってまで質問する勇気は僕にはない。自分の席へ戻ることさえ躊躇《ちゅうちょ》している程なのだ。カウンターの前に立つ女主人と客席に座った女性二人組が話している間を通らないと席に戻れない。気持ちだけでも邪魔をしないように少し腰をかがめ、彼女たちの間を横切って、自分の席に戻る。

追加で注文したビールは既に机の上に置かれていた。隣のテーブルから漂う彼女たちの香水を感じながら、グラスに注いで喉に流し込んだ。

彼女たちは、子供が学校の出来事を話すかのように話し続け、女主人はテレビを気にしつつも合の手をいれ、彼女たちの前に酸っぱい焼きそば「パッタイ」と「タイラーメン」を置く。まるで、お母さんのようだ。

彼女たちはナンプラー、酢、砂糖、唐辛子など調味料が入った容器を開け、何の迷いもなくざくざく入れる。タイでは味付けは最後に個人で調整するものという考え方があり、彼女のようにラーメンに砂糖を三杯入れる人も決して珍しくはない。

急にテレビの音が聞こえ始める。音量が大きくなったわけではなく、彼女たちが食べることに集中し、会話がなくなったからである。僕はビールを飲み干し、席を立つとレジに向かった。会計を済ませる際、貼られている写真が国王かどうか尋ねてみた。

「ソウデス。デモ、イマジャナイ。ゴバンメ（五番目）……」

釣り銭を数えながら、国王の説明が始まった。現在のプミポン国王（ラーマ九世）から四代前のラーマ五世。十九世紀後半から二十世紀にかけて即位し、現代のタイの基礎を作った国王は今も人気が高いらしい。そして僕が訪れた前日（十月二十三日）が、彼の命日であり、その日は今でもタイでは記念日として祝われる……彼女の説明は止まらなかった。まるで下町のおばちゃんのようだ。しかし、説明しながらも、時折、目線がテレビに行く。そうか。レジからもテレビが観えるんだなぁ。

2　美人姉妹のいるイラン料理店でひとりメシ外交（愛知県名古屋市東区）

アメリカと国交がない国といえば、北朝鮮とキューバ、そしてイランが思い浮かぶ。国交がないということは、わかりやすく言えば仲が悪い国ということだ。親米国の日本では、アメリカ側から見た情報が目に留まりやすいせいか、これらの国にはどこか不気味なイメージを持ってしまう。

逆にイランで生まれ育っていたら、アメリカに対する感情はどうなっていたのだろう。アメリカとイランが国交を断絶したのは一九八〇年。三十代前半までの若いイラン人は生まれた時から「アメリカは敵対国」と教わってきたのだろう。イランで育った自分を想像しながら、透明なガラスの扉を開けた。ガラスには、「イラン料理」「家庭料理」「Home Made Food」「Halal」など日本語と英語、そして、表記さえできないペルシア語で書かれている。Halal（ハラール）とはイスラム法上で食べることのできる食事を指す。

入口に近い四名がけのテーブルに座っていた黒髪のイラン人女性が立ち上がり、笑顔で迎え入れてくれた。

「イラッシャイマセ」

二十代半ばくらいだろうか。黒のタートルネックセーターにジーンズと普段着にもかかわらず、見とれてしまう。きれいな人だねぇ……男友達と一緒に来ていたら、顔を見合わせて言っていたに違いない。しかし、ひとりメシ。にやけ顔を作り笑顔に変え、軽く会釈をして店内を見渡す。

決して広くはない店内に、六名がけの大きなテーブルがどーんと二つ陣取り、店の右奥に、こあがりの四名席があった。数字だけで考えると四名席を選ぶのが妥当だが、ひとりメシで一つしかないこあがりの席を選ぶことには抵抗がある。本当は彼女が座っていた四名がけのテーブルがいいのだが、その上にはノートパソコンが置かれ、彼女の作業場になっているようだ。まさか、それを片づけてくれとも言えない。さて、どうするか。

店全体を見渡せる席がいい。となれば入口に近い六名がけのテーブルがいいだろう。

窓を背にして店内に向かって座れば、厨房の様子も店内の様子も見ることができる。ただ、同じ窓際の天井からつり下がったテレビは観られなくなる。ひとりメシ時の手持無沙汰ならぬ目持無沙汰の時にはテレビがあった方がいい。画面では中近東系の男性歌手が歌っている。おそらく中近東のミュージックビデオだろう。なおさら観てみたい。六名がけのテーブルに再度、目を移す。長方形の短辺にあたる誕生日席のような場所に一脚だけ椅子が置かれている。そこであれば、右にテレビ、左に厨房、もちろん店内も眺められる。消去法でその席に決めた。

厨房から白シャツにジーンズの若いイラン人女性が、メニューを持って現れた。これたまた美しい。イランの女性ってこんなに美しいのか。そういえばミスユニバースにイラン人が選ばれた記事をインターネットで読んだことがある。あれ？　彼女たちはイスラム教徒ではないのだろうか。確かイランの国教はイスラム教だったはず。曖《あい》昧《まい》な記憶の中から人生の中で観たイランの映像を走馬灯のように思い出す。女性はスカーフのようなルーサリーを頭に被《かぶ》っていた。そのスタイルばかりが目について顔に意識がいっていなかったのである。たとえ意識がいったとしても、顔だけが出ている姿は、総タイツの顔出し、もしくはほっかむりのイメージで、印象が全く違う。実はイランは美人が多い国なのではないだろうかと妄想は膨らむ。

「イランリョウリハ　ハジメテデスカ？」

妖艶さを漂わせる笑顔に顔が緩む。

「は、はい」

よだれを垂らして寝ていたところを見られたような気まずさである。慌てふためき、置かれたメニューに目をやり、ビールの文字を探す。アサヒ、コロナ、ハイネケン、バドワイザー……見慣れたビールの名前からメキシコのビール「コロナ」を注文した。

彼女がビールを取りに行っている間に改めてメニューを眺める。写真も載っているので、味はわからなくとも、なんとなく想像がつく。ほとんどがケバブ料理だ。肉を焼くという意味のケバブは、焼鳥のように串で刺して焼くシシケバブや大きな塊を回転させて焼きながら、肉を削《そ》ぎ落とすドネルケバブがよく知られている。

茹《ゆ》でケバブの文字が目に留まった。「茹で」ということは焼いていないということなのか。それとも焼いてから茹でるのか。聞いてみようかとも思ったが、外国人にとってはややこしい質問のような気もする。頼んでみればわかることだ。ビールがテーブルに置かれた際、注文してみる。

料理には白米もつき、かなり量はあるらしいが、彼女曰《いわ》く「軽い米」なので、日本のご飯程、お腹がいっぱいにならない。だったらもう一品頼んでみたい。チヂミのようなカットレットと書かれた写真を指しながら、料理の説明を聞こうと見上げると彼女の目が輝いた。

「オコノミヤキ　ニ　チカイデス。ワタシ　ガ　イチバンスキナリョウリ」

咄嗟《とっさ》に「じゃ、これもお願いします」と頼んでいた。彼女が好きな料理だと言ったら、どんなゲテモノでも頼んでいただろう。

厨房にはルーサリーを被った小柄な初老のイラン人女性が見える。彼女が作るようだ。厨房と客席をつなぐカウンターにはイスラム圏でよく見かける水煙草が二つ置かれ、昔、CMで観たことのある力自慢のイランの男たちが体を鍛える際に使う棍棒のレプリカも置かれている。

店内全体が見渡せるいい席だが、一つだけ問題があった。最初に迎えてくれた黒タートルのイラン人女性と対面して座るような状況になってしまったのだ。テーブルとテーブルの間も広く、彼女はパソコンに向かって作業しているので、顔を上げなければ目が合うことはない。しかし、僕が店内を漠然と眺めているだけでも、彼女からすると視線らしきものを感じるのだろう。僕に呼ばれているのかもしれないと時折、顔を上げてこちらを見る。吸い込まれるように視線が合ってしまい、一瞬、気まずい空気が流れる。その度に空気をまぎらわすようにビールの瓶に口をつけ、テレビに目を移す。

テレビには中東系の美しい女性が、砂漠のような場所で歌う姿が映し出されていた。少し音がずれたように感じる中近東の音楽とは違い、エイミー・ワインハウスが歌いそうなソウルミュージックに近い曲調で、彼女もルーサリーを被っていなかった。スマートフォンで改めてイランの位置と宗教地図を確認する。イランはもちろんのこと中近東はユダヤ教のイスラエル以外、全てイスラム教の国である。となるとルーサリーは必須アイテム……のはず。まぁ、これだけイスラム国家で次々と革命が起きているのだから、イスラム教徒の女性の間で変化が起きていても何ら不思議はないんだけど。

変化といえば、この十年で日本からイラン人が急激に減った。日本とイランは七〇年代半ば、観光協定を結んだため、互いの行き来にビザなしで入国することができた。しかし、その影響で不法滞在の在日イラン人が増え、日本で怪しい商売をする人も増えてしまった。八〇年代から九〇年代にかけ、偽造テレホンカードといえばイラン人を思い浮かべた時期もある。もちろん真面目に働くイラン人もいたはずだが、結局、九〇年代になって観光協定は終焉《しゅうえん》し、それとともにビザが必要になり、不法滞在の取り締まりも厳しくなった。観光協定が終結した当時、在日イラン人は四万人を超えていたが、現在、四千人程度とピーク時の十分の一。公衆電話が激減していくようにイラン人も激減していったのである。

「チカク　ニ　スンデイマスカ？」

茹でケバブの皿を置く際、白シャツの女性から聞かれ、岐阜と答えた。名古屋まで在来線を使っても一時間程度で来ることができる。名古屋在住の友人とのメールのやりとりの中で、この店の存在を知った。僕はイランに行ったことはなく、イラン人の知人もいない。未知の世界の「イラン料理」に興味を持ち、足を運んでみたのである。どうして東京や大阪ではなく名古屋に出店したのだろう。

「オトウサンガ　ナゴヤデ　シゴトシテイマシタ。ソレニ　トウキョウモ　オオサカモ　ウルサイカラ」

彼女が住んでいたイランの首都テヘランもウルサイ街らしい。その点、名古屋は静かで気に入り、既にこの店を開いて十二年になると言う。それは、きっと、この店のある場所が徳川園の近くだからということもあると思う。尾張藩の藩主の別邸だった場所は現在、日本庭園と美術館が併設された大人の観光スポットで、その周囲は市内有数の高級住宅街なのである。

「茹でケバブ」はやはり焼かれていなかった。だったら、ケバブじゃないじゃないか……などと細かく追及するつもりはない。さっぱりしていて美味しいのだからそれでいい。茹でた羊肉の上には、ターメリックの効いたトマトベースのソースがかかり、これがビールに合う。

「オイシイデスカ？」

客は僕一人だけなので、彼女たちは時折、声をかけてくれる。イラン料理はもう少し辛い料理だと思っていた。イランの南部に行くと多少、辛い料理はあるが一般的なイラン料理は辛くないのだそうだ。

料理はナイフとフォークではなく、スプーンとフォークでいただく。スプーンでご飯をすくって食べ、スプーンの曲線をナイフがわりにして肉を切り、フォークで刺して口に運ぶ。これがイラン式食べ方らしい。数年前、「イラン式料理本」というイランの家庭料理事情を描いたドキュメンタリー映画があった。ひよこ豆のピラフやイラン風肉団子など様々な料理が登場し、イランの食文化を知ることができる。伝統的なイラン料理を六時間かけて作る奥様に対し、レトルトと缶詰で済ませる若い奥様もいることに驚いた。しかし、考えてみれば、伝統的な日本料理を作る女性もいれば、コンビニの総菜で済ませる女性もいる日本と同じなのである。

　そういえば映画の中で、伝統的な料理であろうが、レトルト食品であろうが、たいてい大人数の家族や仲間が集まって食べていた。そういった食文化があるからこそ、この狭い店内に六人がけの大きなテーブルが中心に置かれているのかもしれない。

　カットレットが運ばれてくる。小麦粉入りの卵焼きにネギが入っている感じだ。チヂミはタレをつけることが多いがカットレットはそのまま食べる。少し物足りない気もするが、彼女が好きな料理なのだから、味が沁《し》み込んだチヂミと僕は表現する。

　追加でビールを注文する際、イランのビールがないか聞いてみた。

「イランハ　イスラムダカラ　オサケ　ハ　アリマセン。ノムヒトモ　オオイデスケドネ」

　白シャツのイラン人女性が笑いながら答え、それを聞いていた黒タートルの女性もパソコンから顔をあげて笑った。

改めてメニューをもらうのも面倒なので、入口近くに置かれたガラス戸の冷蔵庫の中に目を向ける。ハイネケンとバドワイザーが目についた。この二つが並んでいたら普段なら迷わずオランダのハイネケンを選ぶが、アメリカのバドワイザーを注文する。現在も国交断絶が続く二つの国。せめて僕の食事の前では仲良くしてもらいたいというささやかな願いを込めた選択である。ひとりメシ外交とでも言おうか。

入店してから三十分近く経つが、牛乳の配達人が来たくらいで誰も入ってこない。まだ夕食の時間には早いこともある。僕もそれを狙ってきた。空《す》いている時間帯であれば多少は店の人とも会話ができる可能性があるからだ。人見知りの僕にとって、初めて訪れる店でスタッフと話すことは、かなり勇気を必要とするが、インターネットや本の情報からではない生の声を聞くことから見えてくることもある。

宗教の話に絡むことなので、ためらっていたルーサリーの質問をしてみた。

「ワタシタチ　シマイハ　イスラム。デモ　ココハ　ニホンダカラ。ワタシタチモオイノリハ　マイニチ　シマス。ソノトキハ　ルーサリー　カブリマス。オカアサンハ　マジメ。イツモ　カブッテイマス」

そう言って厨房に立つ初老の女性に目を移した。

先程、テレビに映っていた女性はアメリカで活躍するイラン人歌手だった。イラン国内で女性が歌う際は、やはりルーサリーを被らなくてはならないそうだ。

デザートで頼んだにんにくの入ったヨーグルトをいただきながら、ガラス越しに外を眺める。サラリーマンの姿も多くなり、近くの有名進学校の中高生もちらほら見かける。行き交う通行人の中に店内をちらっと覗《のぞ》く人もいるが、入ってくる気配はない。

「マタ　キテクダサイ。フェイスブックモ　ヤッテイマス」

会計の際、黒タートルの女性はそう言ってフェイスブックのアドレスが書かれた名刺を差し出し、座っていたテーブルの上のノートパソコンを指した。

コートを羽織りながら、バドワイザーが置いてある理由を尋ねてみた。

「アメリカノ　ビール？　シッテイマスヨ。アメリカ　ダイスキデス。アメリカジンヤサシイカラネ。イマ　イラン　ノ　ヒトハ　ミンナ　アメリカノコト　スキダトオモイマス。ケンカシテイルノハ　セイフダケ」

それを聞いてホッとした。今の僕には特に影響ないんだけどね。

3　年老いたドイツ人店主の料理店はぼったくりなのか？（東京都港区六本木）

「ぼったくり」。決して響きのいい言葉ではない。でも、人は時に「ぼったくられた」経験を嬉しそうに語る。海外のタクシーでぼったくられては、「あの国のタクシーは気を付けた方がいい」と知ったかぶりをし、買い物でぼったくられては、「最初から怪しいと思ったんだけどね」と脚色を加える。実は僕のことなのだが。

友人から「ぼったくりドイツ料理店」の情報をいただいた。ぼったくりの店だが客はそこそこいるらしい。料理の量がやたら多く、残すと年老いたドイツ人店主に怒られる。多くは欧米人のひとりメシ客。黙々と食べて、さっさと帰っていく。場所は旧防衛庁の跡地「ミッドタウン」から外苑東通りを挟んだ向かい側の六本木七丁目。少し中に入っていった静かな住宅街の中にあるそうだ。

十年程前、僕は六本木七丁目の雑居ビルに個人事務所を借りていた。ここに通っていた頃、昔は漁師が住んでいた町だったとか、江戸川乱歩の小説に出てくる明智小五郎の事務所もこのあたりだったと聞いたことがある。でも、ぼったくりドイツ料理店の話は聞いたことがなかった。若いロシア人女性がいるぼったくりの風俗店ならともかく、年老いたドイツ人男性がいるぼったくりの料理店が、はたしてやっていけるのか。しかもかなりの老舗《しにせ》らしい。老舗のぼったくり。「老舗」がつくと響きがいい。どんどん興味は湧いてくる。

スマートフォンのマップに住所を打ち込み、店を探しているうちに行き止まりにぶちあたった。六本木とは思えない静けさで、周囲のコンクリートに昭和の香りが漂い、ホスト系の男性が女性から金を巻き上げている光景も似合いそうだ。本当にこのあたりなのだろうかと一旦、来た道を戻り、スマートフォン上で自分のいる場所を確認する。やはりこのあたりだ。とりあえず行き止まりまで行くと目の前に建つ雑居ビルの一室の入口に目が留まる。ヨーロッパの旧市街にありそうな電灯が柔らかい光を放ち、緑色の木の扉を照らしていた。どうやらここのようだ。中の様子は全く見えない。スナックのような雰囲気でもある。ぼったくりの店構えとしては申し分ない。

ただ、実際入るには躊躇する。しかし、「ここは日本じゃないか。いざとなれば店を出ればいいだけのことだ」と、自らを奮い立たせて扉を開ける。狭い。U字型のカウンターの中に立つラガーシャツを着た大柄のドイツ人が、ゆったりした動作で振り向き、何も言わずに僕を凝視した。噂通り、年老いてはいるが、迫力のある目だ。U字型のカウンターに一人だけ座っていた細身の日本人男性も顔をあげ、僕を凝視する。彼の前には飲み物も料理も置かれていない。この店の関係者だろうか。ちょび髭にアディダスのジャージ姿。「ぼったくり」が似合う風貌である。

「ビール?」

入口に近いカウンター席に座るとドイツ人がぽつりとつぶやく。無表情である。「はい」と答えると目の前に置かれたグラスを手に取り、サーバーからビールを注ぐ。ゆっくりした動きで僕の前にコースターを敷き、その上にビールを置いた。

座っていたちょび髭日本人にドイツ語で何やら言う。僕が注文した物を言ったのか、それとも全く別のことを言っているのかはわからない。ちょび髭日本人はドイツ語が理解できるのだろうか。あれ? いつのまにか英語で会話している。僕はドイツ語も英語もできないが、ニュアンスの違いくらいはわかる。ともかくちょび髭日本人もこの店の関係者であることは間違いなさそうだ。ということは、客は僕一人である。

ぎくしゃくした空気が店内に漂い、あまり居心地はよくないが、生ビールは美味しい。さすがはドイツだ。ただ、「ぼったくり値段」のこの店では、いったい一杯いくらなのだろう。

U字カウンターを挟んだ向こう側の奥に小さな厨房が見える。ワンルームマンションのキッチンなのではないかと思うほど狭いスペースにコックコートを着た二人の日本人料理人が詰め込まれるように立っていた。一人は鍋に仕込みをしているようで一人は鍋を洗っているようだ。彼らの後ろの棚に様々な大きさのフライパンが十個程積み重ねられていた。狭い厨房とフライパンの数がアンバランスだが、料理に合わせてフライパンを変えると考えると、それなりに本格的な料理を出すのだろう。

何気なくメニューを探すが見当たらない。

「ブラッド・ピット　スキ？」

ドイツ人店主が質問を投げかけてきた。料理とは全く関係ないことを。しかも無表情。彼の目線を追うと僕の座った場所の左上にかかっているモニターにブラッド・ピットが映し出されていた。映画「ジョー・ブラックをよろしく」だった。ローマを訪れた際、生まれて初めて海外の映画館に入り、最初に観た映像が、この映画の予告編だった。ブラッド・ピットのイタリア語吹き替えが新鮮だったので、よく憶えている……いやいや、そんなことより料理である。

「好きです」と答えた後、おそるおそる「メニューをください」と言ってみた。メニューを見れば、ぼったくりかどうかもわかるはず。値段が書いてあればの話だが……と思っていたら、

「メニュー　アリマセン…○▼×&%%$、$&ソーセージ、●×&$#ミートローフ、#$▽%&&…」

指を折りながらつぶやいている。どうやらメニューを言っているようなのだが、いきなりで、頭がついていけない。しかも発音のいいドイツ語（当たり前だ）まじりなので全くわからない。聞き取れたのはソーセージとミートローフだけ。「食べ残す」と怒られるという情報が頭を過《よぎ》り、「聞き直す」と怒られそうな気がした。僕は、そんなに好きでもない「ミートローフ」の言葉を口にしていた。

「日本人には多いからハーフにしておきますね」

ちょび髭日本人が初めて声をかけてきた。最初から彼がメニューを言ってくれればいいのに。そんな気持ちと裏腹に「ありがとうございます」と礼を述べる。

オーダーが入り、厨房に立つ料理人二人組は慌ただしく動き始めたが、店内はあいかわらず静かな空気が流れている。音楽が流れていないこともあるのだろう。改めて店内を眺めてみると狭いスペースにもかかわらず、テレビが二台対角線上に天井からぶら下がり、一台は映画専門チャンネル、もう一台は日本のテレビ番組が流れ、どちらも音は消されている。気になるのは僕が座るカウンター席の端にある、もう一台の小さなモニターだ。そこには僕が座っている様子が映し出されている。つまり、店内の今の様子を撮っているのだ。ネットに繋《つな》がっているようにも見える。だとすると、いったい何のために、誰に向けて発信しているのだろう。

店内の壁には、この店の主催で開催したであろうイベントの記念写真が飾られている。その中に覆面レスラーのザ・デストロイヤーの写真が何枚かあった。力道山やジャイアント馬場と闘った人気レスラーで、4の字固めが彼の得意技だった。ただ僕がプロレスを観始めた小学生の頃には、既に彼は選手としてのピークは過ぎており、どちらかというとテレビタレントとして活躍していた。彼の消息は不明だが、たとえ存命中でも、かなり高齢のはずだ。

「デストロイヤーさんは、よくいらっしゃったんですか？」

デストロイヤーに「さん」をつけるかどうか迷った後、思い切ってドイツ人店主に質問を投げかけてみる。

「シンユウデス」

一言だけ返ってきた。表情が読めない。いい想い出なのか悪い想い出なのかがわからないので話題を広げにくい。

「彼はこの店の常連でしてね。日本に来日したときは成田からトランクを持ったまま、この店に寄って食事をしてからホテルにチェックインしていたんですよ」

ちょび髭日本人はそう言いながら立ち上がり、カウンターの中に入ってきて僕の前に立った。

この店は六本木の街に開店してから既に三十七年になるそうだ。ただ、ずっと同じ場所ではない。前の店舗も同じ六本木七丁目内にあったが立ち退きになり、この場所に移ってきた。引っ越してから、まだ一週間だと言う。このぎこちない空気は、そのせいなのだろう。第一印象は怖かったちょび髭日本人は実は話しやすい方だった。彼はこの店を始めるまでは旅行代理店に勤め、添乗員としてドイツをアテンドする機会が多かった。その時に知り合った料理人のドイツ人店主と六本木で、ドイツ料理の店を出すことにしたらしい。

「今は料理をしないで教えることに徹していますけどね」

そう言ってドイツ人店主の方に目をやる。彼は相変わらず、モニターに映るブラッド・ピットを眺めていた。

マッシュルームの載ったミートローフは噂通り量が多かった。大きかったと言う方が正確だろうか。

「ハーフでよかったでしょ？」

僕の表情を見ながら、ちょび髭日本人は笑った。ミートローフはアメリカの家庭料理として知られているが、ドイツの伝統料理でもある。ただ、現在のドイツでは、手をかけてミートローフを作る家庭は少なくなってきているらしい。

「ドイツもファストフードの国になっちゃったからね」

彼はそう嘆いた後、

「誰かの紹介で来たの？」

と今さらながら聞いてきた。ドイツ人の知人に教えてもらったと答えると、最近、日本人が、この店に来るのは珍しいからねと言って笑った。彼の笑顔はどこか寂しげだ。

それにしてもミートローフのボリュームは強敵である。遅い時間に昼食をとったのも失敗だった。せめてもの救いは料理にパンやライスが添えられていないことだ。ミートローフの付け合わせも意外にボリュームがある。茹でてすりつぶしたじゃがいもとじゃがいものソテー、赤キャベツとキャベツのザワークラウト、芽キャベツにカリフラワーにブロッコリーなど、どれも地味で味も似通っている。これがまたボディブローのように胃袋に効いてくる。

それでも、なんとか完食した。残すと怒られるという情報におびえながら。あいかわらず客は誰も入ってこなかった。

食後、何か口に水分を入れたかったが、「水をください」と言うのも何となく気がひけた。かと言って、これ以上、ビールでお腹が膨れるのは想像しただけで気分が悪くなる。「ぼったくり」の言葉が頭をちらっと過ったが、アルコール度の高い酒をリクエストする。ドイツ人はビールを大量に飲む合間にアルコール度の高いリキュールを飲んで身体《からだ》を温めるが、今の僕は口の中の水分補給と消化を助けるためのアルコール作用を求めていた。

ちょび髭日本人は林檎の果汁と小麦のスピリッツで作られた甘いリキュールをショットグラスに注ぎながら、六本木の街を嘆いていた。昔の六本木は年齢層の高い大人の街だったそうだ。僕も本で読んだことはあったが、実際、人の口から聞くのは初めてである。政治家や大使館に勤める方々が訪れ、日本の芸能人やハリウッドスターがお忍びで来るような街だった。そう考えると、この店だけではなく、昭和の六本木の料理店の価格の相場が高めだったことは想像に難くない……ってまだ、この店の値段はわからないんだけれど。よし。聞いてみるか。

目の前に置かれたショットグラスを一気に呷《あお》り、その勢いで会計をしてもらった。ビール一杯、ミートローフ、リキュール一杯。しめて五千九百円。微妙である。決して安くはないが、目が飛び出るほど、ぼったくられたという感じでもない。大人だけが訪れていた六本木時代の値段設定のままなのだ。

でも、きっと、僕はこれからしばらくの間、飲み会があるたびに言うだろう。

「この間、ぼったくりのドイツ料理店に行ったんだよ」

そして、スマートフォンで撮った料理の写真を見せる。

「この料理とビール一杯とリキュール一杯でいくらだと思う？」

そう質問し、たいしてぼったくられてもいない経験を大袈裟に、しかも嬉しそうに語るんだろうなぁ。

4 中国語でしか予約できない中華料理店（愛知県名古屋市中区）

日本語が通じない店が日本にあると聞くと「ちょっと行ってみない？」と誰かを誘ってみたくなる。しかし、これが、ひとりメシとなると話は変わる。興味より不安の方が大きくなる。注文した時に通じなくても笑い合える人がいないのだから。

名古屋一の繁華街「栄」から十五分程度歩いただろうか。「新栄一丁目」。栄に「新」がついただけで街の雰囲気は一変する。テレビ局やオフィスビルはあるものの、大通りから少し裏に入るとラブホテルや風俗店が目につき始め、韓国エステや韓国料理店もちらほら現れる。

自転車に乗った中年男性が知り合いらしき若い女性に声をかけ、世間話を始めた。中国語だ。二十一世紀に入ってから、名古屋市の中国人居住者は一気に増え、遂には一番多かった韓国人居住者を抜き、二万人を超えた。新栄一丁目を含む中区は名古屋市十六区の中で最も中国人居住者が多い地域である。

　中国語しか通じないと言われる中華料理店に向かっていた。友人のメールには、この店は中国人の店員しかおらず、予約する場合は「田中」で……とも書かれていた。日本語名は「田中」しか伝わらないそうだ。だとすると、「田中で予約した二名です」「田中で予約した四名です」と皆、「田中」の苗字で訪れるのだろうか。その様子を想像するだけで笑いがこみあげる。これで不安より興味の方が大きくなった。

　しかし、本当に通じないのだろうか。中国人客が多いとはいえ、日本で全く日本語ができない状態で店を開くことなどできるのだろうか。スマートフォンを取り出し、検索サイトに「新栄」の文字とともに店名を入れて電話番号を探し、かけてみた。日本語が本当に通じないかどうかという興味もあったが、店が開いているかも確かめたかった。たとえ日本語が通じなくても電話に出れば営業していることはわかる。

「●▽&%$」

　女性の声だ。ニーハオではない。そらそうだ。日本でも電話をとってすぐに「こんにちは」と言う人は少ない。店名を告げたのかもしれない。僕の「もしもし」の日本語に少し間があり、

「モシモシ……」

と返ってきた。しかし、そこまでしか会話は成立しない。「今日、やっていますか？」という質問は通じなかった。「お店は何時から？」「休み？」など、何度も言い換え、ようやく、「アイテマス」という答えをもらった。

「名古屋駅にいます。今から、行きます」と言って電話を切り、地下鉄に乗り込んだのである。

道路の脇に出された黄色の小さな看板には、「中華料理」ではなく、「中華風家庭料理」と手書きの赤文字で店名とともに書かれていた。日本に当てはめれば、日本料理ではなく、日本風家庭料理ということになる。海外で外国人が経営する日本料理店の看板にありそうな書き方だ。建物には電飾看板が施され、こちらには「火鍋」と書かれている。土器で煮る日本の鍋と違い、金属の鍋で煮る中国の鍋のことだ。

店の中は全く見えない。赤と黒の格子戸のようなドア扉が怪しげである。扉を開けたらネグリジェを着た年増の女性が出てきて、奥の部屋に連れていかれると聞いても、この辺りの雰囲気からすれば、あり得ない話ではない。

店内をのぞくように、そっと扉を開ける。入口から直線上にある厨房の前にたむろしていた人々が、一斉にこちらを向いた。壁にもたれている者もいれば、椅子に座っている者もいる。開店前の雑談といった雰囲気を、最初の客らしき僕が止めてしまったようだ。お揃いの白Tシャツを着た女性三名は散らばり、カウンターから顔を出していたやはりお揃いの黒Tシャツを着た男性二名は、厨房に引っ込んだ。

日本語が通じない空気を感じ、目が合った女性店員に指を一本出し、「一人」という意味を告げる。まるで海外旅行のひとりメシでレストランに入った時のようだ。

「ドウゾ」

無表情だが日本語だ。どこに座ってもよさそうだが、入口に近いテーブルに座る。

「六名で予約した田中ですが……」という光景が見られることを期待して。

換気扇は元の色がわからないほど埃がこびりつき、机も椅子も油でギトギト。壁に貼られたメニューは黒ずみ、電気は光量の足りない蛍光灯。おじちゃんが黙々と中華鍋をふり、おばちゃんは中国語でまくしたてるように厨房に注文を告げる。そんなイメージを持って店にやってきたが、全く違っていた。

内装は新しくないが、テーブルはきれいで、照明も明るい。壁には日本語で書かれた「中国春節祭り」のポスターが貼られ、黒ずみどころか全く汚れていない。ダイキンのエアコンが備え付けられ、天井から新しい東芝の薄型テレビがぶら下がっている。働いている人たちは比較的若く、店名が入ったお揃いのTシャツを着ていた。それぞれのテーブルの上に置かれたメニューは中国語で書かれているが、その下に日本語が書かれ、保護シートも施され、立派な冊子になっている。メニューたての横にはワイヤレスの呼び出しチャイムまで備え付けられていた。

中国ビールの種類の多さを期待していたが、チンタオビールしかない。日本のビールも置いてあり、日本酒もある。小柄な女性店員に指でメニューを指すと、「ハイ」と日本語で返ってくる。中国人がアルバイトしているファミリーレストランと変わらない。

しかし、テーブルに僕が注文した料理が置かれた瞬間、絶句した。皿の上に盛られた蚕揚げである。吉林省など東北地方では貴重なタンパク源として食べる、文字通り「蚕」だ。てっきり唐揚げ粉がまぶされ、表面が茶色の衣で覆われ、唐揚げのような感じで出てくると思っていたが、素揚げに近く、姿形がはっきりしている。黒いさなぎの山は釣り好きの友人の道具箱に並べられた擬似餌《ぎじえ》のワームを思い出す。

とても一人で食べられる量ではない。ゲテモノを食べることに、あまり抵抗はないが、この量にはげんなりする。ホラー映画「クリープショー」で、大量のゴキブリが人の身体の中を食い破って出てきた映像まで頭に浮かぶ。これだったら迷っていたブタ皮のゼリーにしておけばよかった。大人数で来れば、たくさん注文できるので、こういった失敗も、みんなで笑い合い、料理を分け合うことができる。しかし、ひとりメシだとそうはいかない。ただでさえ中華料理は量が多い。僕の胃袋では、せいぜい二品。よって初めて入る中華料理店のひとりメシ注文は賭けに近いところがある。

とりあえず一つ口にしてみる。外はパリッとして香ばしく、中はすり身のような柔らかさで、特別美味しいわけではないが、決して不味《まず》くはなく、ビールには合う。逆に言うと、ビールがなければ減っていかないだろう。呼び出しチャイムを鳴らし、ビールを追加する。

ファーつきのピンクのコートを着た若い女性客が入ってきた。携帯電話を耳にあて中国語で会話を続けながら、僕、蚕、再び僕へと視線を移し、通り過ぎて行く。一旦、電話から顔を離し、店員に向かって二言、三言、中国語で注文を告げると厨房に近いテーブルに座り、通話を続けた。

若い女性二人組の客も入ってきた。手にはケンタッキーフライドチキンの袋を抱えている。注文した後、ピンクのコートを着た女性の隣のテーブル席に座った。テーブルの上で、二人はおもむろにフライドチキンを出して食べ始めた。客の入っていない時間帯に店員が休憩時間に食べるのならともかく、営業中に客が別の店で買ってきた物を客席で広げて食べる姿というのは新鮮である。あまりに堂々と食べているので、普通のことのように見えてくる。店員たちも気にしている様子はない。

彼女たちは皆、テイクアウトの客だった。それぞれ料理を詰め込んだ発泡スチロール容器が入ったビニール袋を手にすると店を出て行った。二人組はフライドチキンを食べながら。そして、再び客は僕一人になる。既に目の前の蚕に飽き始め、無理矢理、ビールで流し込む。それでも蚕は減っていかなかった。

一人用コンロに青色の固形燃料の火がともされ、火鍋がのせられた。真っ赤なスープの中には犬肉が入っている。

愛犬家の多い日本で「犬肉を食べる」と言ったら、どれだけの人が表情を歪めるのだろう。しかし、日本も昔は犬食文化を持つ国だった。弥生時代（ある説によれば縄文時代）から犬を食し、その食文化は少なくとも江戸時代に入るまでは一般的だったらしい。武士の間で犬食は忌み嫌われるようになり、ヨーロッパから愛玩文化が入ってくるとともに犬食文化は日本から消えていった……などと知ったかぶるが、犬肉を食べるのは人生で初めてである。

カップルの客が一組入ってきた。やはり中国人で、奥の席へと向かっていった。彼らをきっかけにして、次々と扉が開き始める。男性グループ客もいれば、家族連れもいる。店員と最初の一言二言のやりとりはみな中国語、つまり客は全て中国人。ほんの十分足らずの間に、あっという間に中国語が飛び交う賑《にぎ》やかな店内になった。彼らの声のボリュームが大きいので余計にそう感じられる。スマートフォンで時間を確かめると午後六時半をまわったところだ。「中国人に」という前置きはつくが、かなり人気店であることは間違いない。

白Tシャツの女性店員たちが忙しそうに動き、黒Tシャツの男性店員も慌ただしく料理を作っている。運ばれていくメニューは、炒め物など中華料理として馴染みのある物ばかりで、蚕の素揚げのような二度見する料理は見当らない。

さて、犬肉を口にする。食感は牛スジに似ていた。長く煮込めば美味しいのかもしれないが火鍋で少し煮た程度では、美味しいとは言いかねる。どこかに犬の肉だという意識が働いているからかもしれない。食べているうちに、子供の頃、実家で飼っていたシベリアンハスキーを思い出す。オスとメスの区別もつかなかった僕に、「ごんべい」という名前をつけられたメス犬の無垢な顔が浮かび、心苦しくなる。現在、僕はペットとしてヤギを二匹飼っているが、飼い始めた頃、ヤギを食する文化を持つ沖縄在住の友人から「名前をつけちゃいけないよ。食べられなくなるから」と言われた。その時は冗談として笑い飛ばしたが、こうして犬肉を食べると改めて考えさせられる。この犬には名前はついていなかったのだろう。これが家畜と愛玩動物との違いなのか。

様々な思いをめぐらせながらも鍋は順調に減っていった。しかし、蚕の方は遂に手がつかなくなった。ビールも小瓶とはいえ既に三本目のビールを飲み終え、そろそろ別の飲み物を頼みたい。何種類かある紹興酒も興味はあるが、赤いスープの鍋に赤い酒は気が進まない。壁に貼られたメニューの健康酒も気にはなる。蛇の絵が描かれているところを見ると、きっと蛇を漬け込んだ白酒なのだろう。精力アップとカタカナまじりの日本語で書かれているのを見ると近隣のラブホテルや風俗店を連想して、妙に生々しく感じられ、結局、四本目のビールを注文する。

相変わらず扉は次々と開き、中国人の客が続々と入ってくる。遂に満席になり、入れなくなった男性二人客は女性店員について一緒に出ていった。しばらくすると女性店員だけが戻ってくる。その後に入ってきた、もう一組のカップルも同じように女性店員と一緒に出て行き、再び女性店員だけが戻ってきた。近くに二号店もしくは系列の店でもあるのだろうが、こうして次々と客が入ってくる中で、四名がけのテーブルを一人で使っているのは居心地が悪い。入口に近い席ではなおさらのことである。

残っていた鍋の中の豆腐と犬肉をさらえ、ビールを飲み干すと席を立った。火照《ほて》るような温かさを感じる。犬肉は身体を温めると言われているが、その効果が既に……。いや、ただ単に唐辛子がたっぷり入ったスープの効果だ……とどこかで思いたかった。

結局、最後まで、

「予約した田中ですが……」

という台詞《せりふ》は聞けなかった。客は全て中国人だったのである。この店に日本語はいらないようだ。

5　エジプト料理店で考える日本がイスラム教になる可能性(静岡県静岡市)

深酒が続いた。二日酔いではないが、慢性的な倦怠感《けんたいかん》を抱え、静岡駅の北口に出る。大学時代を過ごした静岡の日差しは相変わらず暖かい。当時、「イッキ飲み」が流行《はや》っており、僕の人生の中で深酒が多い時期だった。思い出すと、こみあげるものがある。気持ち悪さが。

ロータリーに停まっていた病院行きの路線バスに乗り込む。病院近くにエジプト、正式名称エジプト・アラブ共和国の料理店があるらしい。先日、学生時代にアルバイトでお世話になった静岡のテレビ局の方と東京で飲んだ際、教えていただいたのである。あの日も深酒だった。

静岡駅から北東に位置する城北地域は、昔は社宅が多かったと聞いたことがある。車窓から中部電力の社宅が見えたことで、ふと思い出し、同時に静岡県の電力会社分布地図も思い出す。静岡市の東に位置する富士宮市は、ちょうど中部電力と東京電力の境目で中部電力と東京電力の電柱が向かい合って立っている場所があるのだと富士宮出身の学生が言っていた。

バスは住宅街の細い道を走り抜け、再び広い道路に出た。学生時代には通ったことがない道である。料理店の最寄り駅のバス停名のアナウンスが流れ、咄嗟に降車ボタンを押したものの、こんな郊外に本当にエジプト料理店などあるのか、少々不安になる。フロントガラス越しに前方を見るとファストフード店や紳士服チェーンの看板は見えるが、決して交通量は多くない。停車寸前、道沿いにツタンカーメンの絵が描かれた看板が見え、ほっとして席を立った。

店の入口の脇に小さな窓口があり、その脇に据え置き型の灰皿がある。テイクアウトもできるのだろう。エジプト料理をテイクアウトする設定を思い浮かべ……いや、全く思い浮かばないまま店に入る。

照明が暗いせいか薄ら寒く感じた。入って左側にある厨房と右側の客席とは野菜の写真が一面に貼られた背の高いガラスケースで仕切られ、厨房の様子は全く見えない。三十名程、座ることができる客席では中年女性二人組がスープをすすり、若い女性二人組は料理を待っているようだった。全員、日本人客である。

「イラッシャイマセ」

イスラム教徒の象徴であるルーサリーを被った若い外国人女性が、厨房から一旦、顔を出し、すぐに引っ込んだ。店内が一瞬、明るくなったような笑顔だった。

四名がけのテーブル席に座り、メニューを眺める。女性のルーサリー姿を見て予測はしたが、やはりビールなどアルコール飲料は一切、置いていなかった。今日ならありがたい気もするが、どこか口寂しい気もする。料理を運び終わった日本人女性の店員にノンアルコールビールを注文し、エジプト料理が初めてなのでおススメを教えてほしいと言うと「少しお待ちください」と厨房へ呼びに行った。

胸にツタンカーメンの写真をあしらったTシャツを着た外国人女性がやってきた。先程、厨房から顔を出した女性である。

彼女が最初に勧めたのは、そら豆と二十種類の香草を使ったコロッケ「ターメイヤ」で、クレオパトラも食べたという説があるらしい。これで、まず一つ決まった。次に「シャウエルマ」なるケバブ料理を勧められたが、肉はあまり食べたくなかった。とりあえず、ターメイヤとご飯がわりにエジプトのパン「エイシ」を頼み、その後、身体の調子を見ながら追加注文をしようと思ったら、同じ米料理の欄にナスの文字が目に留まった。エジプト風ロールキャベツでキャベツの代わりにナスを使った「マハシ」という料理らしい。温かい野菜を想像すると唾液が出てきた。身体が欲しているのだろう。

「『マハシ』ハ　ジカン　カカリマスガ、ダイジョウブ　デスカ?」

次の予定まで時間はたっぷりある。時計は午後一時三十分を過ぎたところだ。

「ターメイヤ」は、コロッケのように外はさくっとしているが、中はモチモチした食感だった。香草のクセはクレオパトラが食べていたと聞くと深みのある歴史の味に感じられる。

円盤のような形をした薄いパン「エイシ」を半分に割り、空洞になっている中にターメイヤを入れ、サンドイッチのようにして食べてみる。香ばしいエイシにターメイヤは、よく合う。

テーブルの隅に置いてある二つの壺の蓋を開けてのぞいてみる。一つは唐辛子ベースのタレのようで、もう一つはにんにくの香りがする。

「それをつけると美味しいですよ」

流暢《りゅうちょう》な日本語で声をかけてくれたのはスキンヘッドの外国人男性だった。決しておしつけがましくなく、バーテンダーがさりげなくカクテルを勧めるように説明してくれる。黒シャツにジーンズで、ハリウッドの黒人俳優エディ・マーフィーをアラブ人にしたような彼が店主だった。

彼の言う通り、唐辛子ベースのタレをつけるとさらに美味しくなった。彼がハーブをブレンドして作ったオリジナルのソースらしい。エジプトはハーブを使用するのが盛んな国で、コーヒーショップでは、体調を聞いてからハーブをブレンドしてお茶を作ってくれると言う。

「私はハーブを使った料理店を日本でやりたかったんです。やるんだったら徹底的にね」

「徹底的」という言葉が出るほど日本語を使いこなし、また、妙に話しやすい空気を醸し出すので、こちらもついつい質問を投げかけてしまう。彼はエジプトで生まれ育ったアラブ人で静岡にやってきたのは二十年程前。静岡をあえて選んだわけではなく、たまたま選んだ日本語学校が静岡にあり、それからこの街が気に入ってずっと住んでいる。

この店自体は、できてまだ一年だが、ここの料理を食べると体調がよくなると口コミで広がり、リピーターも多くなった。遠方からも客が来るようになり、東京のエジプト料理店を営む人までもがやってくるらしい。ハーブは地元の農家と契約して作ってもらい、手に入らない香辛料はエジプトまで買いつけに行くなど、「徹底的に」こだわっている。ただ、こだわりすぎるため、経費がかかりすぎ、繁盛店にもかかわらず、未《いま》だに儲からないとも嘆く。その割にどこか余裕が感じられるのは彼が、この店とは別に中古車屋を経営しているからなのだろう。

唐辛子のタレをつけたターメイヤには、ノンアルコールとはいえ、ビールがよく合った。アルコールが飲めないイスラム教徒は食事中、水、もしくはグアバかマンゴージュースを飲むのだそうだ。料理に合うビールがあったらいいのに……と僕が言うと質問された。「酒」「レイプ」「殺人」の中で一番、罪が重いのは何だと思いますかと。「レイプ」と「殺人」のどちらかと言われると難しいが、「酒」が一番、軽いことには違いない。しかし、こんな質問をするということは……。

「酒です」

僕が答える前に彼は言った。彼の見開いた目に吸い込まれそうになる。酒で酔うと人間はおかしくなる。そして、レイプも殺人も犯してしまう。だから元凶となる酒が悪いのだと。

「マハシ」が運ばれてきた時には既にランチタイムの閉店時間を過ぎていた。僕は勘違いしていた。この店は終日、営業している店だとばかり思っていたのだ。すでに女性客は帰り、客は僕だけになっていた。

エジプト風ロールキャベツと説明を受けた「マハシ」は、ナスの中にご飯がつめ込まれ、イカ飯のイカがナスに変わった感じにも思える。この料理もハーブがよく効いていて身体が喜ぶ味だった。特に深酒の翌日には。

奥様は入口にカーテンをかけ、着々と閉店の準備を進めていた。そして、アルバイトらしき女性店員の手に別れの挨拶と感謝を込めたキスをして、先に帰す。ランチタイムの終了間際の時間に入ってきて、手間がかかる「マハシ」を頼んだことを謝った。

「ダイジョウブ、ダイジョウブ。シュジン　ガ　イマスカラ　ユックリ　シテイッテクダサイ。ワタシハ　ハイシャ　ノ　ヨヤク　ガ　アルノデ　サキニ　シツレイシマス。コレ　サービスデス」

マハシを慌ててかき込もうとする僕に彼女はそう言った後、米と生クリームのデザート「ロズブラバン」を出してくれた。

店主も僕のテーブル席に座ったので、お言葉に甘え、もう少し話を聞かせていただくことにする。イスラム圏の食事を意味する「ハラール」は、アルコールや豚肉がダメなのはもちろんだが、食べることのできる鶏肉でも血抜きの仕方など、いろいろな決まりごとがあるらしい。

次第に日本の宗教の話に移っていった。僕の自宅には仏壇と神棚がある。あまり意識はないけれど仏教系の信者であると同時に神道系の信者ということになる。家に仏壇や神棚があるかないかはともかく日本ではほとんどの人が、神社にも寺にもお参りに行く。これは外国人から見ると不思議に映るらしい。「どっちを信じているの？」と外国人から聞かれたことは一度や二度ではない。

「日本というのは、昔は神様と仏様は一緒だった（神仏習合）んだけど、途中から神様と仏様は分けるようになった（神仏分離）歴史があるんですよね」

と説明してみるが、たいてい相手が納得する答えまで辿《たど》り着かない。

彼と日本の仏教と神道について話し始めた際、いつもの展開を予想したが、全く違う展開になった。彼は日本人の神道の教えはイスラム教に通じる部分があると言うのだ。イスラム教も神道も偶像崇拝じゃない共通の部分から理由を述べ始めた。彼が淡々と述べる宗教論は吸い込まれていくような心地よさはあるが、僕の知識不足もあり、途中から、よくわからなくなってしまった。ただ、日本人がイスラム教徒になれば、いい信者になれると彼が思っていることだけはわかる。

一日五回もお祈りする習慣は面倒じゃないのかなぁと言うと彼は、一回につき三分もかからないと言い、一日たった十五分足らずのお祈りで神様が守ってくれるなんて素敵なことではないかと主張した。不謹慎だが、昔、英語教材を売っているおばちゃんから、一日十五分の勉強で英語が話せるようになると勧められたことを思い出した。

彼の腕時計のアラームが鳴る。十五時を告げていた。お祈りの時間が刻まれているのだろう。米の粒々の食感が心地いい「ロズブラバン」の残りをさらえると席を立ち、会計を済ませた。

彼の話を聞いているうちに静岡駅を降りた時の倦怠感は吹き飛んでいた。ハーブの効果が既に出ているのかもしれない。店を出るとテイクアウト用の小さな窓を再び見る。入る時には想像もつかなかったが、テイクアウトで訪れる客の気持ちがわかる気がした。

さて、これから久しぶりに大学時代の仲間たちと静岡の繁華街「七間町」で飲む約束をしている。今日も深酒になりそうだ。そう思うとまた気持ち悪くなってきた。

6　ミャンマーの少数民族と怖い話（東京都新宿区高田馬場）

怖がりである。怖がりのくせに超常現象や心霊現象の話が好きだったりする。久しぶりに訪れた巣鴨のミャンマー雑貨屋で「まばたきする仏像の話」を聞いておののいた。顔が日々、変わる人形、消防士の目の前で自然発火する家などミャンマーには不思議な話が多い。信じない人からすれば、ばかばかしい話だけど僕は好きなんだよね。

山手線で新宿駅まで戻る途中、高田馬場の文字を見かけて咄嗟に降りた。高田馬場駅近隣はミャンマー料理店が集まっている。何か見えない力に呼ばれた気がする……いや、ただ単に小腹が空いただけ。

九〇年代初め、新宿区の中井はミャンマーに住む様々な部族（総じてミャンマー人と呼ぶことにする）が多く住んでおり、ミャンマー料理店が多かったそうだ。当時、僕は新宿の映像事務所で働いていた。プロデューサーと映画「ビルマの竪琴」の話になった際、新宿に「リトルビルマ」と呼ばれる場所があると教わった。既に英語表記が「ミャンマー」に変わって数年経っていたが、僕の周囲では、「ビルマ」という国名で呼ぶ人が多かった。リトルビルマには、民主化運動に携わったことで、当時の軍事政権から迫害されることを恐れ、逃れてきたミャンマー人が住んでいるのだとも聞いた。

九〇年代後半になると、彼らは中井から二キロ程東の高田馬場へと移動を始める。移った理由は明確ではないが、中井にしろ、高田馬場にしろ、都心の他の地域に比べれば家賃の安い物件が多く、外国人に貸すことに寛大な家主が多かったのだろうということまでは推測できる。

早稲田通り沿いに数軒あるミャンマー料理店を物色し、結局、高田馬場駅前の鮨屋、居酒屋、ラーメン屋、スナックなどが小さなスペースの中に密集した雑居ビルに戻ってきた。発酵食品が多い東北部シャン州の料理を出す店に決めたのである。

昭和の匂いが詰まった細い通路を進み、左に折れて進んで行くと線路脇に出る。その手前に目的の店がある。元居酒屋を想像させる格子窓の装飾が施された茶色の四角い扉と元スナックを想像させる上部が丸いメルヘンチックな白い扉があり、どちらも同じミャンマー料理店の入口のようだ。

一店舗でやっていたが、手狭になって二店舗に増やしたのだろうか。ガラス越しに見える店内はどちらも決して広くはない。四角い扉の向こうに六名程のスーツ姿のグループ客が見え、丸い扉のドアノブに手をかけた。

四人がけと二人がけのテーブル席がそれぞれ二つずつあり、奥の壁はぶち抜かれ、窓越しに見かけたグループ客の盛り上がっている声が聞こえてくる。入口は別々だが、互いに行き来できるようになっているのだ。僕が入った店内に厨房があり、カウンターに出された料理をミャンマー人の若い女性店員が隣の部屋へ次々と運び、厨房では夫婦らしき二人が忙《せわ》しなく動き続けていた。厨房の二人が店主なのだろう。彼らも女性店員も僕が扉を開けたことに気付いていないが、そのうち気付くだろうと入口近くの四人がけテーブルに座る。

客席には日本人の親子がいた。簡素な黒いテーブルの上にはワインの空瓶と空になった皿が置かれ、両親の顔は赤らみ夫婦の会話を楽しんでいる。小学生らしき男の子と女の子は、四人がけテーブルから離れ、テーブルに何も載っていない二人がけ用のテーブル席にそれぞれ一人ずつ座り、携帯型ゲーム機に夢中だった。

机の上に置かれたメニューは日本語で書かれ、煮込み料理に近いミャンマーカレー、米麺の入ったミャンマーのスープ麺「モヒンガー」、お茶の葉を使ったサラダなどミャンマー全土の共通料理もあれば、カエルの炒め物やひよこ豆を発酵させた味噌を使った料理などシャン州独特の料理もある。

「いつもゲームばかりしているの？」

赤ら顔の男性客が子供たちに声をかけた。四人は親子じゃなかったようだ。子供たちはゲームに夢中なのか照れくさいのか男性の言葉に反応しない。日本人のような顔つきにも見えるが、この店の子供だろうか。となるとシャン族の可能性は高い。男性客は子供たちと会話することをあきらめ、隣の部屋へ料理を運ぶことが一段落した若い女性店員を呼び止め、会計を済ませた。

日本人夫婦は店主夫婦と知り合いらしい。カウンター越しに厨房へ声をかけると、赤と黒が入り混じったネルシャツを着た細身の男性店主が、厨房から出てきて、挨拶程度の日本語を交わしながら、日本人夫婦を出口まで見送った。

再び厨房に戻る際、店主は僕に視線を向けて微笑んだ。ミャンマー人独特の物静かで穏やかな空気を醸し出しているが、凜々《りり》しさも持ち合わせているように感じられた。

「ナニカ　タベル？」

店主は子供たちに優しく声をかけた。やはり、この店の子供のようだ。ただ彼らの親にしては、髪の毛が白すぎるような気もする。

男の子は「いらない」とぶっきらぼうに言い、女の子は「油そば」と投げやりにつぶやく。どちらもゲーム機の画面から顔を上げることはなかった。

ミャンマービールの缶がアサヒビールのロゴが入ったグラスとともに目の前に運ばれてきた。飲み会の席で世界のビールの中でどこが一番好きかと聞かれることがあり、ミャンマービールと答えることが多い。僕は味覚が鈍感なので、どこのビールも美味しいというのが本音なのだが、その答えでは釈然としない空気になるし、かと言って、日本のビールが一番美味しいと答えても盛り上がらない。よって、ミャンマービールと答えることにしている。当然、「どうして？」と聞かれるが、味を語るほどの語彙《ごい》も持っておらず、どのくらい権威があるのかも知らないモンドセレクションなる賞を何度も取っているからと言って逃げ、僕の舌というのは、その程度ですと正直に告げる。それより、僕が大好きな国の一つミャンマーの話題に広げられるということの方が、ミャンマービールをあげる理由としては大きい。

壁に貼られたメニューは、丸い絵文字のようなビルマ文字で書かれている。昔、植物の葉を加工した紙の代用品を使用していた頃、直線で書くと破れてしまうので丸くなったと言われるかわいらしい文字である。メニューのいくつかにはビルマ文字の下にたどたどしい手書きの日本語も添えられている。「ひよこ豆とマトンのまぜごはん」。美味しそうだ。

その隣には、アウンサンスーチーの写真とビルマ文字で綴られたチラシとともに水上生活の住居の写真も貼られている。おそらくシャン州にあるインレイ湖の風景だろう。十年程前、この湖で水上生活を営む村を訪れたことがある。透き通るような水で満たされた湖には、美しい睡蓮《すいれん》の花が咲いていた。舟で村を移動中、ここで生活する人たちには水葬の風習が残っている（今は土葬が一般的らしい）という話や死者から出るガスが睡蓮を育てるにはいいという話（真偽はわからない）、挙句には湖からホテルに向かって幽霊がやってくることがあるので、「こっち来ちゃダメだよ」と追い返す話など、宿泊したホテルのスタッフやガイドから、おののくような話をたくさん聞いた。

一本目のビールがなくなる頃、皿に盛られた竹蟲《たけむし》が運ばれてきた。竹の樹液を吸って大きくなる蛾の幼虫を炒めた料理である。蛾の幼虫と聞くだけでグロテスクだが、見た目もウジ虫のようでグロテスクだ。しかし、口の中に放り込むと、スナック菓子のように軽くて香ばしく、ビールにも、よく合う。あっという間に二本目もなくなった。

　ドアが開き、白いダウンジャケットを羽織ったミャンマー人らしき若い女性客が入ってきた。女性店員とミャンマー語で二言、三言会話を交わし、僕の隣のテーブルに鞄《かばん》を置くと、椅子に座る前に僕が座っているテーブルのところにやってきた。テーブルと窓際の間にはわせた電気ケーブルをおもむろに引きずり出し、ポケットからスマートフォンを取り出すと、充電ケーブルをつなぎ、テーブルの上に投げ捨てるように置いていった。その間、一言も声を発せず、目を合わせることもなく、まるで僕がテーブルに座っていないかのような振る舞いだった。テーブルに残されたピンクのカバーで覆われたスマートフォンを眺めながら、僕がイメージしている奥ゆかしいミャンマー人女性とのギャップに戸惑っていた。

　飲み物をビールから、薬草入りの焼酎「シャン酒」に替えた。たぬきの置物のような茶色の一合とっくりに入っており、お猪口《ちょこ》に注いで飲む。とっくりを傾け、お猪口に口をつけると、ひとりメシならぬひとり酒気分が強くなるせいか、ついつい猫背がちになる。薬草が入っているとはいえ、ストレートで飲むには少々きつい蒸留酒だ。

僕はつまみにシャン豆腐が載ったそばをすすっていた。シャン豆腐はひよこ豆で作られたにがりを使用しない豆腐で、ゴマ豆腐のようなモチモチした食感が楽しめ、それを米麺にからめて食べる。

相変わらず子供たちはゲームに夢中だった。女の子はゲーム機の画面を見ながら、目の前に置かれた油そばを味わうこともなく、口に詰め込むようにすする。男の子の着ているジャージの張り具合からは、肥満度が伝わり、目を閉じて首を回す仕草に、子供らしからぬふてぶてしさを感じる。

店主と色違いの青と白が入り混じったネルシャツを着た中年男性が入ってきた。僕を見て微笑む顔は店主とよく似ている。子供たちの肩をぽんぽんと叩く様子を見て、彼が親であることを確信する。厨房にいるのは子供たちのおじいちゃんだったのだ。親の声かけに対しても子供たちの反応は薄く、男の子は背伸びをした後、

「帰ろうっと」

誰に言うでもなく独り言のようにつぶやいた。

「私も帰る」

女の子もそれに合わせてつぶやく。

父親は、厨房と客席の境のカウンターに出された野菜の炒め物が載ったぶっかけメシをミャンマー人女性客の前に置くと厨房に入っていった。その代わりに初老の夫婦が外に出てきて、カウンターの上に置かれた書類を確認し、帰り仕度を始めた。店員が入れ換わる時間のようだ。

初老の夫婦と子供たちは一緒に帰るのかと思ったら、そうではなく子供たちだけで何も言わず、店を出て行った。

「おじいちゃんに、ごちそうさまくらい言いなさい」

僕は叫んでいた。心の中で。

隣のテーブルの女性は、ダウンジャケットに左手を突っ込んだまま、ぶっかけメシをかき込んでいた。

「食べる時は、ポケットから手を出しなさい」

僕は叫んでいた。心の中で。

僕が、初めてミャンマーを訪れた頃、世界最貧国の一つだと言われていた。しかし、品位と優しさを持ち合わせた国民性に感銘を受けた。それから十年程経ち、軍事政権から軍より政治が優先される文民政権に変わり、急速に民主化が進んでいる。日本はもちろんのこと世界が一気に注目し始め、巣鴨のミャンマー雑貨店の店主の話によれば、このところビジネスマンが殺到し、飛行機の予約が取れない状況が続き、今まで宿泊していたホテルは、ここ半年で三倍の値段になったそうだ。ミャンマーが豊かになっていくことは喜ばしい。でもなぁ……と、思う部分もある。

中国の一人っこ政策で生まれた小皇帝のような子供や、「うざい」「きもい」を連発する日本の若い女性のようなミャンマー人女性が首都ヤンゴンの街を闊歩する光景を妄想すると、大好きなミャンマーの国が壊れていくような気もする。初恋の人と二十年後に会った時に味わうような寂寥感《せきりょうかん》がじわじわと湧き、ため息交じりに、とっくりに残っていたシャン酒を、お猪口に注いだ。

7　餅好きにはたまらないナイジェリアの「エマ」（東京都新宿区）

アフリカの白地図にさらりと国名を書き込むことができる人にあこがれる。エジプトと南アフリカ以外の国はあやふやで、ジンバブエなんて数年前まで中南米だと思っていた。

ナイジェリア料理店の入った雑居ビルの狭い階段をのぼりながら西アフリカの細かい国境線を思い浮かべる。近隣国のブルキナファソは訪れたことがあるのでナイジェリアが西アフリカだということはなんとなく憶えているが正確な位置はあやふやだ。

「イラッシャイマセ。マエニ　キタ？」

太い木の枝が取っ手になっている扉を開けると、カウンター内に長身の黒人が立っていた。人懐っこい笑顔だ。十名程が座れるカウンター席が店の中心で壁には酒が並び、照明も暗く、料理店というよりはバーに近い。

一カ月ほど前、友人が連れてきてくれた店である。その時は鮨屋でかなり飲んだ後で、ミックスナッツをつまみに、ナイジェリアビールを軽く飲んで帰った……はず。かなり酔っていたようで、帰りのタクシーに乗った記憶がない。翌日、聞いたところによると友人に送ってもらったらしい。よって、この店での記憶は危ういが、場所は憶えていた。

十八時の開店時間に合わせてやってきたが、既にカウンターで日本人の客が飲んでいた。店主と一対一なら、ぎこちなくても多少は会話ができそうだが二対一ではタイミングを見計らうのが難しい。しかも常連客のようで店主と親しげに話している。こうなると会話の中に入る難易度は高くなる。

彼から二つ席を空けて座り、カウンターの上に置かれたクリアファイルに挟まれたメニューを広げる。アフリカの白地図も挟まれていて、ナイジェリアの位置が記入されている。コブのように出っ張っている西アフリカのちょうど付け根あたり。

「ナニ　ニ　シマスカ?」

店主の被った帽子を見つめながら、ナイジェリアのビールと羊肉を焼いた「スヤ」を注文した。プリンなどを入れるココットを逆さにしたような帽子は民族衣装なのだろう。

ナイジェリアのビールはいくつか種類があり、カウンターの上にもビール瓶が並べられている。アイルランドの黒ビールとして知られるギネスがあることで、ナイジェリアは英語圏だったことと、有名なビールの醸造所は意外にアフリカにあるという話を思い出す。ギネスもナイジェリアで醸造しているのだろう。ギネス以外のビールも銘柄の横にナイジェリア産とガーナ産と書かれている。あれ？　ガーナも英語圏だったのか。西アフリカはイギリスとフランスの縄張り争いの時代が影響していてややこしい。スマートフォンでアフリカの地図を出し、ついでに各国の言語も確認する。英語圏のナイジェリアの西側にあたるベナン、トーゴはフランス語圏だが、その西側のガーナになると英語圏になり、更にその西側のコートジボアールになると再びフランス語圏になる。やはり、ややこしい。

ビールの大瓶が一本千五百円というのは少々、高い気はするが、遠い国から運ばれてきたことを考えると仕方ないかなぁとも思う。しかも、どっしりとした濃い味で、旨い。一気に飲み干したグラスに二杯目のビールを注ぐ頃、座っていた客は帰ってしまった。どうやら七時から別の飲み会があるらしい。よし。これで客は僕一人である。

「この店は何年くらいやっているんですか？」

グラスを片づけ、布巾《ふきん》でカウンターをさっと拭《ふ》く店主に質問を投げかける。お見合いで「ご趣味は？」とぎこちなく聞く男のように。しかし、質問と同時に二人客が入ってきてしまい、店主の目線は扉に向く。

客はスキンヘッドの細身の欧米人男性と小柄な若い日本人女性のカップル。男性と店主は知り合いのようでカウンター越しに握手を交わし、先程の客がいた席に座った。質問が宙に浮いてしまった心地悪さをまぎらわすようにグラスに口をつけ、目線を店内に散らす。カウンターの上には赤、黄、緑のセロハンが貼られた裸電球の装飾がぶらさがり、スピーカーからは打楽器中心のアフリカ音楽が流れ、モニターにはナイジェリアの女性たちが独特の腰つきで踊る様子が映し出されている。

カウンター内の隅に置かれたガスコンロと湯沸かしつきの小さな流し台では、店主が、リズミカルにスパイスをふりかけた後、器に料理を盛り付けていた。

「ハナシ　トチュウデ　ゴメンナサイ。コノ　ミセハ　十ネン　ニ　ナリマス」

ビールの横にスヤを置きながら店主は言った。質問をなかったことにしようと思っていただけに気恥ずかしさもあり、彼の答えに対し、ひきつった笑顔で曖昧にうなずき、「そうなんですかぁ」とだけしか返せない。会話がうまくつなげられないことをごまかすように、焼いた羊肉とたまねぎが入ったスヤの器をのぞき込んでつまむ。ピーナッツ風味のスパイスと唐辛子が羊肉の臭みを緩和していて食べやすい。

また一人客が入ってきた。

「オゴゴロ……ソーダ割で」

メニューも見ないで、さらりと言った。彼も常連客らしい。そういえば、前回、来た際、「オゴゴロ」なるナイジェリアの酒も飲んだ。木の皮や木の根、薬草などを漬け込んだ蒸留酒である。健康酒らしいのだが、アルコール度が高く、それを何も割らずにショットグラスで一気に流し込んだと思う。一杯だったのか、二杯だったのかは憶えていない。酔いがまわり、うとうとし始めた頃、店主が店内に置かれた西アフリカの太鼓「ジャンベ」を叩いて演奏していたはず……前回、訪れた時の記憶が少しずつ蘇ってくる。

店主はジャンベどころではなく、カウンターの中で忙しそうだった。小さな冷蔵庫からジップロックに入った素材を取り出し、冷蔵庫の上に置かれた電子レンジに入れて解凍する。家庭用ガスコンロの上に置かれた調理中の鍋を確認し、棚から「オゴゴロ」とカタカナで書かれた瓶を取り出し、ソーダ割を作る。

「今晩、八時から六名入れますよね？」

また入口のドアが開き、中年女性が店内を物色するように聞いた。いったい、この店の混み方は、どうなっているのだろう。まだ十八時台だ。寄席で知られる末広亭近辺の新宿三丁目は繁華街だが、一本はずれるとこの店がある通りのように再開発が忘れられたような場所もある。そうなると人通りは決して多くない。それにもかかわらず、これだけ混んでいるというのは意外だった。だから十年も続いているのだろうけど。

店主は予約を記入しているであろうノートを見ながら首をかしげている。

「ヨヤク……　ハイッテナイデスネ……」

予約が入っていなければ入れるだけなのだが、彼の表情は曇っている。

「後で来るので、予約を入れたいなぁと思って……」

彼女が補足したことで店主は理解したようだ。

「アー、キョウ　コレカラ　ヨヤクネ？　ダイジョウブ、ダイジョウブ。コノ　ノートニ　ナマエ　ト　デンワバンゴウ　オネガイシマス」

彼には「入っていますよね？」と予約の確認に聞こえたのである。日本語は難しい。女性は予約名簿のノートに書き込むと、「お願いしまーす」と言って出ていった。二十時になると店の奥の西アフリカのように出っ張っているスペースに置かれたテーブル席に彼女たちは陣取るのだろう。その席に六名も座ったら、彼は一人で対応できるのだろうか。ともかく店主と会話ができる状態ではない。

トイレから戻ると水の入った銀色の器が目の前に置かれた。スナックでトイレから戻って席に着く際、ママがおしぼりを出してくれる光景を思い浮かべながら、器をのぞき込む。

「テ　デ　タベルカラ」

店主は注文していたエグシシチューを置いた。銀色の器はフィンガーボウルだったのである。つまり手で料理を食べた後、汚れた手を洗う器なのだ。

エグシとはメロンに似たウリ科の種を粉末状に潰した物で、トマトベースのスープに入れるとシチューのようなとろみが出る。これにヤム芋を餅にした「エマ」をつけて食べる……と注文した際に聞いた。「エマ」は鏡餅のようにかなりボリュームはあるが、するすると食べられてしまい、餅好きの僕にはたまらない。ブルキナファソでも似たようなヤム芋の餅（「フフまたはフトゥ」と呼んでいた）を魚の煮込み料理やオクラのソースにつけて食べていた。これがあまりに美味しく、それがブルキナファソの滞在を一週間から三週間に延ばした理由の一つにもなった。

「店名のエソギエってどういう意味なんですかぁ？」

欧米人男性と一緒に来ていた若い女性が、語尾を伸ばしながら、店主へ質問を投げかけた。

エソギエは彼の部族名で、王様からの贈り物という意味なのだそうだ。ナイジェリアでは英語名と部族名の二つを持ち、普段、友達と呼び合う時には英語名の「ラッキー」を使用している。

また男性の一人客が入ってきた。

「イラッシャイマセ　マエニ　キタ？」

僕が入ってきた時と同じ対応である。常連客には「マエニ　キタ？」と言っていないので、来たかどうかの記憶があやふやな人にだけ言うのだろう。棚の隅に置かれている「レストランサービス」と背表紙に書かれた日本語の本にでも書いてあるのかもしれない。

二十代後半くらいの男性は、「初めてです」と答えると入口に近いL字型の角の席に座った。カウンターの中心からは離れているが、店全体を見渡すにはいい席である。彼は店内の装飾や座っている人を順番に眺めていき、僕の食べている餅で視線が止まった。そして、メニューの書かれたファイルに手を伸ばした。

店主は声が大きいので、音楽が流れていても客との会話が聞こえてくる。オゴゴロのソーダ割を飲む一人客にスヤを出す際、野球の話をしていた。トイレの壁に野球メンバー募集のチラシが貼ってあった。日本人のメンバーと一緒に写っていた黒人は彼だったようだ。野球のメンバーが、この店の常連客になっている可能性も高い。そう考えると店に入った時に座っていた一人客も野球をやっているように思えてきた。

「どうして日本に来たんですか？」

「日本に来て何年ですか？」

「この店は自分で開いたんですか？」

先程、入ってきた一人客の男性は注文の合間にスマートに質問を連発した。臆することなく質問できることが、うらやましい。しかし、こうして僕が黙って飲んでいても、いろいろな方がいろいろな質問を投げかけてくれる。常連客からすれば何度も聞いている話かもしれないが、僕にとってはありがたい。常連客らしき男性はスヤをつまみ、オゴゴロのソーダ割をすすりながら、再びスマートフォンをいじっていた。

店主は来日してから既に十五年が経つ。店は自分で区役所などへ申請に行って、ほぼ自力でオープンさせたと一つ一つの質問に丁寧に答えていた。ただ、日本に来た理由だけは、はぐらかしていた。思い出したくない何かがあるのかもしれない。

ビザを取得するだけでも大変そうなのに店を出すなど想像を絶する。しかも、この店が十年目ということは、開店したのは日本に来て五年の時ということになる。知らない国に来て五年目で店を出すなど、そうそうできることではない。

食後にオゴゴロのストレートとチェーサーの水を注文する。

「コノ　オサケ　ハ　カタコリ　ニ　イイネ」

店主のこの言葉で店内の客同士が話すきっかけになるかと一瞬、期待したが、特に何も変わらなかった。欧米人と日本人女性はなぜか合気道の話で盛り上がっており、初めて来た男性客は料理を写しながら、インターネットに投稿することに夢中で、オゴゴロのソーダ割を飲んでいる常連客らしき男性は通信ゲームでもしているのかスマートフォンをタップし続けていた。

オゴゴロを一気に呷ると泥臭い香りが口の中に広がった。その後でチェーサーの水を飲み、会計をお願いする。ほとんど質問はできなかったし、客と会話をしたわけでもないが妙に居心地がよかった。アフリカの餅が食べられたからかもしれない。

釣り銭を受け取る際、「ごちそうさまでした」と言って、店主の顔を見ながら、ふと思った。街で彼と会ってもわからないだろうなぁと。アフリカの白地図に国名が書ける人と同じくらい、黒人の顔の認識ができる人にもあこがれるんだよなぁ。

8　一夫多妻のスリランカ生活を想像する（愛知県名古屋市名東区）

「……ランカ料理はおいしくとってもヘルシー」

電光掲示板に流れる文字に目が留まり、再度、最初の文字が出てくるまで待ってみる。やはり「スリランカ料理」だ。でも、どんな料理だったかなぁと、かつての首都コロンボに滞在した日々を思い起こす。爆弾テロに遭遇した映画館、ガイドを装った詐欺など、現地での出来事が強烈すぎて、食事の印象がほとんどない。それはともかく、どうして、市営住宅が建ち並ぶ県道沿いにスリランカ料理店があるのだろう。

名古屋市の東にあたる名東区を散策していた。エッセイの取材で東海地区の喫茶店巡りをしている途中、栄からバスに乗り込み、茶屋ヶ坂で途中下車しようと思っていたが、うとうとと眠ってしまい、途中、目覚めたのだが降りるのが面倒になり、終点の引山バスターミナルまで来てしまったのだ。せっかく降り立ったのだからと周辺を歩き始める。桜が満開の香流川沿いの遊歩道を堪能し、途中から住宅街の中をやみくもに歩き、県道に出た。喫茶店が多い名古屋では、こうして下調べなしで歩いていると意外に素敵な店に出会ったりする。出会ったのはスリランカ料理店だったけれど。

道路に面して数台停められる駐車場があり、その奥、五段ほど階段を上がるとテラス席を持つ店がある。木製の扉に「ＯＰＥＮ」の札はかかっているが、テラス席沿いの大きな窓から見える店内に人の気配は感じられない。

恐る恐る扉を開ける。客席の電気は灯っているが、やはり人影は見当たらない。背もたれに籐《とう》を使った椅子席と白いソファ席があり、ざっと五十名程は入れそうだ。入口と対角線上の角にはスリランカ産の品々が売っていそうな物販用スペースも設置されている。

時計は十七時をまわったところで夕食の時間にしては少し早い。店内へゆっくり進んでいくと厨房が見え、白シャツを着たスキンヘッドの外国人男性の後ろ姿が見えた。声をかけようと思った瞬間、彼も気がついてこちらを見る。同時にトイレらしきドアから外国人女性も出てきた。

彼女は僕の姿に一瞬、驚いた表情を見せた後、「とびっきり」という言葉を添えたくなるほど素敵な笑顔になって言った。

「イラッシャイマセ」

ソファ席も迷ったが、店内の角にあたる窓際の椅子席に座る。斜め後ろの壁にはヤシの実を積んだ荷車を引く水牛が描かれたタペストリーがかかっていた。酸味が強い水牛のヨーグルトがあったなぁと、スリランカの食べ物の記憶が一つ蘇ってくる。座った場所からは、厨房の様子も見え、男性は僕が入ってきた時と同じ位置に立ち、背を向けたまま鍋に向かって作業を続けていた。一般家庭のリビングで見かけそうな木製の収納棚に囲まれているせいか厨房というより台所と呼んだ方が似合いそうな空間である。

スリランカはシンハラ人が約四分の三を占めているので、彼らはシンハラ人の可能性は高いが、約六分の一をしめるタミル人の可能性もある。それぞれ顔に特徴があるらしいのだが、僕では、判別が難しい。

仏教徒のシンハラ人とヒンズー教徒のタミル人は長い間、喧嘩をしていた。十九世紀、スリランカを植民地として支配していたイギリスは南インドからタミル人を連れてきた。そして彼らを行政の重要ポストに置き、イギリスを敵対視させないためにシンハラ人を統治させた。しかし、戦後、スリランカが独立すると形勢は逆転し、国民の多数を占めるシンハラ人が政治を司るようになった。シンハラ人に対し、どんどん優遇政策がとられ、タミル人は選挙権まで剝奪《はくだつ》される。当然、タミル人から不満の声があがり、喧嘩……というか内戦が勃発。停戦合意してはまた内戦が始まるということを繰り返す。二〇〇九年、タミル人テロ組織の上層部が殺害され、内戦は終結したと言われている。

六年程前、僕は内戦終結前にスリランカを訪れている。お世話になっている絵本作家から、ワークショップでスリランカにいるのだが遊びに来ないかというメールをいただいた。その時、僕はバンコクに滞在中だった。タイからスリランカまで飛行時間を調べると四時間程度だったので、現地の下調べもしないで、すぐにインターネットで航空チケットを購入してコロンボに向かったのである。まさか絵本のワークショップの場所が内戦中だなんて思いもよらなかったのだ。

空港からホテルまでタクシーで移動中、兵士から二度も検問を受け、ただならぬ空気を感じ、ホテルに到着し、絵本作家から状況を聞いて驚いた。翌日、街を散歩していると内戦中とは思えない程、街は平和だったが、ワークショップのスタッフが宿泊するホテル前の公衆電話が爆破され、ホテルのガラスが全て割れた話を聞いた。その直後、映画館でスリランカ映画を見ている最中、近くの駅でテロ事件があり、爆発音は映画館の中まで響き渡り、逃げるようにして帰っていく客の光景を目の当《ま》たりにした。やはり内戦中なんだなぁと認識し、その後は、絵本のワークショップの見学以外、あまり出歩かないでホテル内にあるレストランで、伸びきったパスタばかり食べていたような気がする。

ただ、マクドナルドでチキンカレーを食べたことは、よく憶えている。現地の食事でマクドナルドを思い浮かべるのもどうかとは思うが、マクドナルドにご飯メニューがあることに驚き、何より美味しかったのだ。僕は初めて行った国では、一度はマクドナルドに立ち寄ることにしている。世界中に展開する同じチェーン店だからこそ、お国柄を比較できることがあるからだ。ビールがあったスペインやお粥《かゆ》があったマレーシアと並んでスリランカのカレーは世界のマクドナルドのメニューの中で印象深く残っている。

つやのあるきれいな黒髪の女主人が持ってきてくれたメニューを見ると、想像通りカレー中心の料理だった。

「ココナツガ　ハイッテイマス」

彼女はインドのカレーとスリランカのカレーの違いを教えてくれた。まずはスリランカ産のビールを頼み、取りに行っている間に食べ物を決めることにする。

単品メニューもあるが、セットメニューが豊富な店である。値段の違いは料理の種類の多さとカレーの具材がチキンか海老かで変わってくる。辛さは三種類選べ、「チョットストロング」と外国人らしい言葉の選択とカタカナで書かれているのがかわいらしい。

僕が注文したセットメニューを厨房に伝える彼女の後ろ姿は、決して太っているわけではないのだが、肝っ玉母さんが発するオーラのようなものを感じる。シンハラ語なのかタミル語なのかはわからないが現地の言葉で語り続けていた。世間話をしているだけのようにも、様々な指示を出しているようにも見える。

スリランカは女性の社会的地位の高い国である。昔は一妻多夫、つまり、一人の女性が何人もの男性を夫として迎え入れた歴史を持つ。女性が国外へ働きに行き、その間、男性が子供の世話をした話もあれば、内戦時に活躍した女性兵士がいたという話もある。そういった背景があるからこそ、世界で初めて女性首相が誕生したのはスリランカだったし、一時期は大統領も首相も女性という時代もあった。イギリス植民地時代に技術を培ってきたコクのあるビールをすすりながら、一妻多夫時代のスリランカ人の女性と結婚した自分を想像し、自分の妻に対する嫉妬心の処理は、どうするのだろうと妄想していた。

カレーを運んできた際、夫婦二人でやられているのかを尋ねながら、厨房に立つ彼に目線を向けると彼女は否定した。

「シュジンデハアリマセン。カレハ　シュジン　ノ　……シン…シンセキ？　デス。シュジン　ハ　モウスグ　キマス」

普段なら単に夫婦と男性一人が働く店と思うのだが、スリランカの女性というだけで、一人の女性が二人の男性を従えていると思ってしまう。

チキン、野菜、ひよこ豆と三種類のカレーに添えられているのはパラタ。クレープのようなチャパティの生地を何層かに積み重ねたものである。ボリューム感としては、ナンとチャパティの間くらい。現地の辛さにしてもらったカレーは言うまでもなく辛く、ビールは既に二本目を飲み干していた。辛さでダメージを受けている舌にはビールの炭酸が突き刺さるように感じるので、途中からヤシの実から作られた蒸留酒「アラック」に変えた。

女性は僕が汗をかいているのを見て笑った。舌を手で仰ぐ仕草をしながら、名古屋にスリランカ料理店を出した理由を尋ねた。

十五年程前、彼女の夫が九州大学で電子工学を学ぶために来日し、大学卒業後、就職で名古屋にやってきたそうだ。ソファ席の脇に置かれた本棚にハリー・ポッターの小説と一緒にトヨタグループについて書かれたビジネス書が並んでいることにも合点がいった。

四年前、彼女はスリランカ料理の店を出そうと思い立ち、安くて広い物件を探していたら、この場所に辿り着いた。

「チョット、ワカリニクイネ」

店舗の立地に不満をもらしながらも、この店が気に入っているのは笑顔から伝わってくる。

食後のヨーグルトを食べていると小柄の外国人男性が入ってきた。彼女の夫だった。奥様と対照的に髪の毛にコシがなく、頭頂部は薄くなっているので、多少、老けてみえるが、顔ツヤはいい。四十代前半といったところだろうか。

物腰が柔らかく、優しそうな笑みをたたえながら、ヨーグルトにかかっているヤシの花蜜について教えてくれた。スリランカの名産でコレステロールがたまらない若返りの蜜らしい。表の電光掲示板に流れていた「とってもヘルシー」の文字が頭を過る。彼はまるで観光局の職員のように、スリランカの魅力を次々と話してくれた。

神輿《みこし》を担ぎ、人々が行列になって歩いている様子が描かれた店内のタペストリーについても解説を始めた。神輿に積まれた箱の中には仏陀の歯が入っており、普段は世界遺産の古都キャンディの寺院に納められ、八月になると寺院から出され、神輿に載せて人々に担がれ、象と一緒に街を練り歩く祭りが行われるのだそうだ。その話を聞いて、彼らは仏教徒のシンハラ人であることを確信した。

女主人は、接客はまかせたといった感じで厨房の方に行ってしまった。日本の大学にも通っていたくらいなので当たり前だが、彼は日本語が流暢で語彙も豊富だった。

「スリランカに行ったことはありますか？」

彼にそう聞かれ、行ったと答えると、

「そうですか！　どうでしたか？」

彼の目が輝いた。一瞬、答えに詰まった。相手がスリランカの人でなければ、映画館で爆発音を聞いたテロの話などを、大袈裟に話すのだろうが、彼らにそんな話をするのは抵抗があった。内戦が終結して、まだ間もない。あまり思い出したくない歴史かもしれないし、彼も言っていたように、現在、スリランカは人気の観光地として注目されつつある。そんな中でテロの話をするのは水を差すように思われた。

「もう一度、行ってみたいです」

当たり障りのない答えをした。曖昧な答え方に、妙な空気が流れ、気まずい沈黙になってしまった。そこへ、中年カップルの日本人客が店内に入ってきて、「ごゆっくり」と言われ、僕らの会話は終わってしまった。密林の中に突如現れる巨大な岩山の頂上にある空中宮殿「シーギリヤ」や一妻多夫の歴史について現代のスリランカの男性から見るとどう思うのかなど尋ねてみたいことが山ほどあったのに、残念である。

タイパンツをはいた女性客はいかにもアジアが好きそうな社交家だった。席につくなり、矢継ぎ早に質問を投げかけ、てきぱきとメニューを決めていく。一緒に来ていた男性は、自分の食べたい物を言ったが、彼女に一喝するように否定され、黙ってしまった。その光景を見ながら思った。日本が女性中心の社会になる日は近いのかもしれない。そのうち一妻多夫に……。

9 焼鳥屋でスウェーデン人が働く理由(東京都杉並区高円寺)

フランスのフレンチレストランで活躍する日本人シェフは意外に多く、ミシュランの星を獲得した日本人オーナーシェフさえいる。では、その逆はどうだろう。たとえば日本の鮨屋で活躍する外国人の鮨職人。ぱっと思い浮かばない。回転寿司では握っているのを見かけたことはある。片言の日本語を話し、どう見ても外国人なのに「安達」という名札をつけていた。

「日本の鮨屋で外国人が握っていたら、物珍しさで行くことはあっても、常連になることはないと思うよ」

そう言った友人の気持ちもわかる。でも、カツ丼を出す定食屋のおばさんがフランス人だったら、どうだろう。少なくとも僕は常連になる気がする。

東京は杉並区高円寺。地名の通り、寺が多い門前町で、駅の北口には青果店や精肉店、喫茶店など昭和の心地よさが詰まった商店街があり、古本屋やライブハウスも多く、文化度が高く、毎年、住みたい街の上位に入ってくる。休日の昼下がり、古本屋で目に留まった本を買い、喫茶店でコーヒーをすすりながら読みふけった後、大好きな銭湯で熱いお湯につかる。銭湯から出たら、夕食前に行きつけの焼鳥屋で一杯飲む。高円寺に住んだ自分の生活を想像するといつもワクワクする。その予定は今のところないけれど。

焼鳥の煙で油やけした壁と元の色がわからない真っ黒の羽根を持つ扇風機が歴史を物語っている。まだ十八時前だというのに、十席程あるカウンターは既に半分以上が埋まっていた。ひとりメシならぬひとり飲みの客ばかり。座ると同時に飲み物を注文する客もいれば、店主と挨拶を交わすだけで、いつも飲んでいるであろう焼酎の水割りが出てきた客もいる。いずれにしても常連客であることには違いない。平日にもかかわらず、スーツ姿の客はいない。それぞれの職業は不明だが、独自の人生を重ねている雰囲気がにじみ出ている。たいてい一時間程度、飲んで、さっと帰っていく。中には滞在時間が三十分程度の客もいる。

ミニコンポの上に積み上げられたCDの前でネルシャツの袖を肘までまくり上げ、

タオルを首からかけた年齢不詳の男性店主が焼鳥台の前に立ち、丁寧に串をまわす。焼鳥だけではなく、鮭のハラスやベーコンを巻いたフランクフルトなど見ているだけで楽しくなり、酒が進み、ついつい「僕もそれをください」と指さし注文してしまう。

注文が入ると、

「あいよー」

と店主の低い声が響く。CMのナレーションやラジオのパーソナリティとしても似合いそうな声で、風貌はジャン・レノに似た雰囲気だ。でも日本人。昔は旅人だったという話も常連客から聞いた。カウンター席の後ろの壁に茶色がかった世界地図が貼られているのもその名残《なごり》なのだろう。カウンター席と壁の間が狭いので客や店員でこすれるのか南米あたりは既に擦り切れてしまっている。その世界地図が貼られた壁の奥の左側に小部屋があり、そこが厨房になっている。

「ハイ。ニクドーフ」

厨房から頭に赤いバンダナを巻いた長身のスウェーデン人男性が現れる。スウェーデン人の口から出る「肉豆腐」の言葉は新鮮だ。どこかジョン・ボン・ジョヴィにも似ていて、「シコミ　ガ　オワッタラ　ライブハウス　デ　ウタイマス」と言われてもミュージシャンが多く住む高円寺ならあり得そうな話である。そういえば店主も実は知る人ぞ知るミュージシャンとこれまた常連客から聞いた。いったい店主はいくつの顔を持っているのだろう。謎の店主に謎のスウェーデン人。もう一つ加えるなら謎の客たち。

眼鏡をかけた華奢《きゃしゃ》なスウェーデン人「クリスさん」が店に現れた頃、既に店内は満席だった。彼もこの焼鳥屋で働くスウェーデン人の一人である。この日は休みで、プライベートで来ている……というより僕と飲む約束をしていた。高円寺に住む旧知のカメラマンがこの店の常連で、紹介してくださったのである。焼鳥屋で働くスウェーデン人と酒を酌み交わすなんて、人生の中でそうそう、あることではない。「ひとりメシ」と銘打つ企画からすれば反則なんだけどね。

ひとり飲みが集うカウンターに二人飲みが混じった時の空気感は、グループメシが多い店内に、ひとりメシが入った時の空気感とは、また違ったバツの悪さがある。しかもクリスさんは、普段、ここで働いているのだ。プライベートとはいえ、自分の働いている店のカウンターで雇い主を前に飲むのは落ち着かないだろう。

そこで、この店が持つ「離れ」のスペースに移ることにした。僕が「離れ」と呼んでいる場所は、道を挟んだ対面の建物の一階にあるグループ客用の席である。カウンターのみの店舗にはトイレがないので、ひとり飲みの客も、この「離れ」にあるトイレを使用する。

「離れ」には、注文を伝え、運ぶための専属のアルバイトも立っている。彼は日本人でビジュアル系バンドのヴォーカルらしい。頭にタオルを巻き、客の注文をとり、母屋のカウンターの店内へ注文を伝え、できた料理を運ぶ役目を担う。クリスさんもアルバイトに入っている際、この役目を担うこともある。

「離れ」の壁には「母屋」のカウンターではほとんど見かけなかった小劇場や映画のチラシやポスターがいたるところに貼られている。これまた高円寺らしくていい。劇作家唐十郎さんもこの店の常連客で、亡くなった映画監督の若松孝二さんもこの店が好きで、晩年の作品では撮影のロケ地にこの店を選び、あの有名俳優も……と、あげればキリがない。まるで新宿のゴールデン街のような雰囲気もある。その場所に、どうしてクリスさんのようなスウェーデン人が辿り着いたのだろう。

彼が日本の地を踏んだのは約三年前。日本語を学んだ後で日本のＩＴ関係の会社に就職することを目指してやってきた。厨房に立つもう一人のスウェーデン人のアルちゃんとは同じ日本語学校で出会った。母国が同じ二人が仲良くなるのに時間はかからず、いつしかつるむようになる。

彼らは、時々、この焼鳥屋から目と鼻の先にあるコンビニでビールを買い、店の外で飲んでいた。きっと外に設置されたゴミ箱の隣あたりで飲んでいたのだろう。ヤンキーがたむろしていると不穏な空気を感じるが、スウェーデン人がたむろしていると聞くと微笑ましく感じられる。

彼らはコンビニに買い出しにやってきた日本人の若者が目に留まった。彼は頭にタオルを巻いていた。東京の他の街でも以前、タオルを巻いている日本人を見かけたことがあり、彼らはそれが不思議でならなかった。

「タオル　ハ　カラダヲ　フクモノダヨ」

クリスさん曰く、スウェーデンで頭にタオルを巻いている人など見たことがない。ある日、彼らは酔った勢いもあり、いつもと同じようにタオルを頭に巻いて買い出しにやってきた日本人に聞いてみた。声をかけられたのが、この焼鳥屋の当時のアルバイトだった。

「うちの店で働けば、その理由がわかるよ」

若者はそう答えたそうだ。ちょうどこの焼鳥屋がアルバイトを募集していたということもある。ちなみにその若者は既に店を辞め、現在、小学校の教員になっている。いい先生になりそうだ。興味を持った彼らは声のいい店主の元を訪ねた。そして、この焼鳥屋でアルバイトとして働き始めたのだ。アルバイトしようと決めた二人もすごいが、雇う方も勇気がいるはずである。躊躇なく受け入れてしまう度量がこの店主にはあるのだろう。

赤いバンダナのアルちゃんが「アンチョビポテトサラダ」を運んできた。アンチョビ、つまりカタクチイワシの入ったポテトサラダは、彼らがアルバイトに入ってから生まれたメニューらしい。アンチョビの旨みと塩気がポテトに沁み込み、ビールのつまみには最高だ。スウェーデンを訪れた際、僕はアンチョビを食べた憶えがない、とつぶやくとアルちゃんが言った。

「ホント？　スウェーデンデハ　ニチジョウサハンジダヨ」

使い方はともかく「日常茶飯事」を使う外国人は珍しい。日本語学校で教えるのだろうか。いや、文化度の高いこの店だからこそ憶えられるのだろう。先程、僕もカウンターで「手風琴」と書いて「アコーディオン」と読むのだということを常連客から教わったばかりである。

日本語も難しいが、スウェーデン語も難しい。彼らに言わせれば、スウェーデン語は、デンマーク語やノルウェー語と似ているそうだ。ただ、デンマーク語はじゃがいもが詰まっているようにしゃべるし、ノルウェー語はいつも嬉しそうにしゃべるとアルちゃんとクリスさんは、それぞれの言語のマネをしながら笑っていた。僕には、その違いがさっぱりわからない。

アルちゃんは少し時間ができたらしく、「離れ」に生ビールを運んできてから立ったまま会話に加わった。彼の場合、クリスさんとは日本に来た経緯が違う。スウェーデンに留学中だった日本人女性と恋におち、彼女の住む国を知りたいと思い、日本に渡ってきたと言う。

「単に彼女と離れたくなかったからでしょ?」

喉元まで出かかった時、「離れ」にいた他の客から注文が入る。

「ブタ　ノ　カシラ?　ニホン?　ワカリマシタ」

別の注文を伝えに行った日本人のアルバイトのかわりに、アルちゃんが対応した。

「日常茶飯事」を使うスウェーデン人も珍しいが、肉の部位を日本語で言えるスウェーデン人は、他にいないのではないだろうか。

クリスさんは北欧独特の繊細さを感じるが、アルちゃんは、既に焼鳥屋を切り盛りする風格が身体に沁み込んでいた。それもそのはずで彼は、この店で働いているうちに日本で自分の焼鳥屋を開店させたいという夢を持つようになった。

「タダネ……」

アルちゃんが顔を歪める。彼は、アルバイトにハマりすぎ、日本語学校の出席日数が足りないことで入国管理局から呼び出しを受けたそうだ。つまりこのままではビザが取りあげられてしまい、日本にいられなくなってしまう。結局、店主が保護者として付き添って出向き、今後は学校優先にして、更にレポートを書くことで一件落着した。

「ダカラ　バイト　ハ　キョウマデ。アトハ　レポート　カクマデ　ヤスミマス」

母屋から店主がガラス越しにアルちゃんを呼んでいる。どうやらカウンターが一回転して次のお客さんの準備に入るようだ。

アルちゃんが戻る前に、結局、タオルを頭に巻く理由はわかったのか聞いてみた。

「モチロン」

　二人は、うなずきながら笑った。焼き場にしろ、キッチンで肉を串に刺すにしろ夏場は暑い。顔から汗が滴り落ちるし、目にも入る。それを防ぐためなのだ。今の季節は、まだタオルを巻くほど汗が出ないのでアルちゃんはバンダナを巻き、クリスさんは帽子を被るが、夏になれば彼らもタオルを巻く。初めてタオルを巻いた日、写真を撮ってインターネット上に公開するとスウェーデンに住む友人たちからの反響がすさまじかったそうだ。スウェーデン人がタオルを巻いて焼く焼鳥屋ができる日を楽しみに待ちたい。できれば銭湯のある街で開業してほしい。

10 謎のメモが導いた日本で唯一のスロヴェニア料理店(京都府京都市右京区)

塩で清めて家に入ることはあるが、塩で歓迎を受けたことはない。塩をなめてテキーラを飲むことはあるが、塩をなめてパンを食べたことはない。スロヴェニアではお客様を食事に迎える際、塩とひとかけらのパンを出す。

「昔、塩は貴重な物だったので、それをパンと一緒に出すことで、お客様に対し、歓迎の気持ちを表したんです」

眼鏡をかけた小柄な日本人女性はパンと塩の載った木製の大きな皿をテーブルの上に置いて説明してくれた。彼女はスロヴェニア人店主の奥様らしい。

「塩はアドリア海産です」

とつけ加えた。スロヴェニアが面している海は地中海ではなかったのか。地理に弱い僕は思わず、「えっ？　どこですか？」と聞いた。どうやら地中海とは、ユーラシア大陸とアフリカ大陸を挟んだ海全般のことを言うらしい。一方、アドリア海は、イタリア半島とギリシアなどがあるバルカン半島を挟んだ海のことで地中海の一部になる。太平洋と東京湾の関係みたいなものだろうか。

蕎麦粉の生地にたまねぎやチーズを載せて焼いたズリヴァンカなる料理が出された。この店のホームページのメニューに蕎麦という文字を見かけたが、きっとスロヴェニア人が日本で蕎麦に出会い、蕎麦打ちを覚えたので試しに蕎麦粉を使って、いろいろな料理に挑戦している程度にしか思っていなかった。しかし、スロヴェニア料理で蕎麦粉を使うのは普通のことらしい。

この店を見つけたのは偶然だった。スマートフォンに記入したメモを整理していると、「ハンガリー　チャーハン」とだけ書かれたメモを見つけた。何のことだか思い出せず、メモが保存された数カ月前の日付とスケジュール帳を見比べ、東京で京都在住のデザイナーと飲んでいた際のメモだと思い出したが、二つの単語が繋がる理由はわからない。京都で外国人がやっている料理店の話になったような気がするなぁと記憶をたどるが、曖昧なままだった。それを確認するためにわざわざ連絡するのも申し訳ない。ハンガリー人がやっている店で、最後に必ずチャーハンを出す……じゃなかったかなぁとパソコン画面上の検索サイトに「京都　ハンガリー　チャーハン」と打ち込んでみる。ハンガリーカフェなるものは出てきたがチャーハンの文字は見当たらない。とりあえずハンガリーカフェの店主がハンガリー人だったら興味を持ったのだろうが、店主がどこの国の人かが出てこない。

いったん、検索サイトのトップページに戻り、「京都　外国料理　レストラン」で再度、打ち込んでみた。その時の上位に出てきたのが、このスロヴェニア料理店のホームページだったのである。クリックすると店の外観が描かれたかわいらしいイラストのトップページが現れ、扉にカーソルを持っていくと、夫妻のイラストが出迎えてくれる。さらにクリックするとバンダナをハチマキにしているスロヴェニア人店主の笑顔の写真が出てきた。映画「ランボー」のシルベスター・スタローンを上品にした陽気なおじさんといった感じだった。

しかし、実際はホームページの写真の印象とは違い、厨房で黙々と料理を作る店主は、どちらかというとラーメン屋の頑固おやじに近いように感じる。

奥のテーブル席では三人家族が食事を楽しんでいた。会話の内容や「……じゃけん」という語尾から、広島近辺から京都へ旅行に来ていることが推測できる。今日の予約は僕とその家族で終了のようだ。

　前日、予約しないで来店したのだが、満席で入れなかった。地下鉄の終着駅から徒歩五分、大きな印刷工場や寂れた町にありそうな衣料品店も入ったスーパーがあり、京都らしい街並みが感じられない場所にあるスロヴェニア料理店がそんなに人気のある店だとは思いもよらなかった。仕方なく次の日にコース料理の予約をお願いし、京都在住の親友の家に泊めてもらい、再度、訪れたのである。

　ホームページのイラストに描かれていた通りの外観で、一階はケーキやパン、スロヴェニア雑貨を販売し、五名程が座れるカウンター席のカフェも併設されていた。二階に上がる階段の前で靴を脱ぎ、下駄箱に入れ、細い急な階段を上がると部屋の入口の前にスリッパが置かれている。まるで友人の家のリビングに遊びに来たかのようなスペースだった。カウンターを境に厨房と客席が分かれており、十五名も入れば、いっぱいになる。テーブルと椅子は全て木製だが、お揃いではない。一つずつ丁寧に集めていったのだろうか。カウンターに一番近い場所に用意されていた僕の席は、一枚板の素朴なテーブルで椅子の脚は低めだが、座った途端、空間にすっぽり収まったような心地よさがある。客席にはスロヴェニアの絵本や操り人形などがちりばめられるように飾られているが、ごちゃごちゃした印象にならないのは、レイアウトのセンスだろう。スピーカーから流れるロックバンドU2の曲をヴァイオリンで演奏するインストゥルメンタルからも独自性が感じられ、夫婦ふたりで、この空間を、こつこつ積み上げて育ててきたことが想像できる。

「オネガイシマス」

初めてスロヴェニア人店主の低い声を聞いた。出来上がった料理をカウンターの上に置くえんじ色のバンダナを巻いた店主は、苦虫を嚙みつぶした職人のような顔をしている。奥様に対しても「お願いします」という敬語にピリッとした空気を感じ、とても「日本はどうだい？」などと気軽に声をかけられる雰囲気ではない。

じゃがいもにレンズ豆を練り込み、オーブンで焼いたパイが置かれた。

「モロッコいんげんを載せ、最後にかぼちゃの種で作ったオイルを垂らしています」

スウェーデンのアニメの主人公「ビッケ」を女性にしたような奥様の説明は優しく温かい。

スロヴェニアのビールは日本に輸入している代理店がないらしく、この店には置かれていないので、一杯目はチェコのビールをいただき、次にスロヴェニアのワインを頼むことにした。

「次は豚肉なので、本来でしたら、赤ワインなんでしょうが、スロヴェニアには肉にも合うしっかりした白ワインもあります。どうしましょうか？」

もちろん、その白ワインをいただいてみる。出てきたローストポークの上にかかった豆のソースは見た目ほどしつこくない。そして、白ワインのコクのある甘味によく合った。隣に添えられた芽キャベツのソテーのほんのりした苦みが、これまた美味しい。野菜も自分の畑で採れたものを使っているそうだ。

先客の家族が会計を済ませ、呼んだタクシーが到着して帰っていき、客は僕一人だけになった。

柱に何枚も飾られた小さな木に描かれた絵について尋ねてみた。

「よくぞ聞いてくれました」

日本人奥様は嬉しそうにマガジンラックに入っていた本を取り出し、料理の脇に置いて説明を始めた。スロヴェニア語で書かれた本は、宗教画や民話が描かれた蜂の巣箱を閉じる板が並べられた作品集だった。

スロヴェニアは養蜂が盛んな国で、ヨーロッパに養蜂技術を広めたと言われている。

蜂は、たとえ種類が同じでも仲間以外の巣箱に入ってしまうと攻撃を受け、殺されてしまう。別の巣箱に間違えて入るというのは彼らにとっては命に関わることである。スロヴェニア人は蜂が色を見わける能力を持っていることを知っていたので巣箱の板の色を塗りわけた。そうすれば蜂たちはその色を見わけて迷うことなく自分の巣に戻ることができる。そのうち養蜂家の中で遊び心が生まれ、色だけではなく民話や宗教画を描き始めたのだ。もちろん画家ではないので決してうまくはないが、味がある。作品集はその絵を集めたもので、客席に飾ってあるのは、そのミニチュア版だった。だから、その隣に蜂蜜の酒が飾られていたのだ。「人類最古の酒」と手書きのポップも添えられている。

「赤スグリで割ったアルコール度数低い方にしておきますね？」

僕の赤い顔で判断してくれたのだろう。赤スグリの酸っぱさの中に蜂蜜の甘さを感じる飲みやすい酒だった。

「スロヴェニアのおばあちゃんが作ると素朴なざっくりした感じのケーキになるんです」

蜂蜜酒と一緒に出された、デザートのチーズケーキも美味しい。ボリューム感たっぷりだが、入っているレーズンの甘酸っぱさのバランスがよく、別腹でするすると入っていってしまう。

　スロヴェニアの料理については元ユーゴスラビアで、紛争のイメージがあり、保存食に近い酸っぱい料理を想像していて、まさかこんな豊かな食事を味わえるとは思いもよらなかった。事前にスロヴェニアについて、もっと調べてくれれば、わかることなのにと思う人も多いだろう。僕は海外を旅する時も、その国の料理を、ほとんど調べていかない。情報に影響を受けやすい僕は、事前に調べていくと答え合わせのような味わい方になってしまい、感動が薄くなってしまう。現地に行けば、その土地の人が食べている物は自然に目に入るものである。もちろん、「えっ？　あの料理食べなかったの？」などということも多々あり、周囲から批判を受けるのだけど、人と同じで、料理もご縁だと思っているので、今のところ、この旅の仕方を変えるつもりはない。

　ハーブティーを飲みながら、奥様から改めてスロヴェニアについて話を聞いた。ユーゴスラビアに所属していた頃から発展していた地域で、国として独立すると早々に民主体制を整え、ユーゴスラビアから独立した他の国々より一足早くNATOやEUに加盟した。二〇〇八年にはEUの議長国にまでなっている。料理は昔からバリエーションが豊かな地域として知られているらしい。西はイタリア、北はアルプス山脈を含むオーストリア、北東にはハンガリー、南は海も含んでクロアチアといった地理環境もあったのだろう。

料理を全て出し終わっても、スロヴェニア人店主が厨房から出てくる気配はなかった。閉店の時間も迫っていたので後片付けをしているようだ。彼は留学生として京都に来て、そのまま住みついて三十五年になる。その間に奥様と出会い、結婚し、この店を始めた。未だに日本でスロヴェニアの料理店はこの店だけらしい。

「スロヴェニア大使館の方がおっしゃっていたので間違いないと思います。ただ、今年、東京にできるような話もされていました」

スマートフォンに宿泊先の親友からメールが入ってきた。食事が終わったら連絡をくれと。この後、彼主催の飲み会に合流することになっている。客席で電話をかけてもいいか断ってから、発信ボタンを押す。

「終わった？　スロバキアやったけ？　スロヴェニアやったっけ？　まぁ、どっちでもええけど……で、その店は何駅？」

「何駅だったかなぁ……」とつぶやきながら、顔をあげるとカウンター越しにスロヴェニア人店主と目があった。

「JR？　地下鉄？　JRなら太秦。地下鉄なら太秦天神川」

流暢な日本語にも驚いたが、料理と向き合う時の顔とは違い、ホームページで見た優しい笑顔だった。

その後、合流した飲み会には東京で飲んだ京都在住のデザイナーも参加していた。「ハンガリーとチャーハン」について尋ねると、そんなことを言った覚えはないけどなぁと怪訝な顔をされた。未だにあのメモの意味はわからない。ハンガリーとチャーハン。不思議な組み合わせだ。今となってはどうでもいい。謎のメモのおかげで、美味しいスロヴェニア料理店に出会えたのだから。

11 ひとりメシに向かないトルコ料理店(東京都荒川区西日暮里)

巨大な看板に描かれたトルコ人の肖像画は不敵な笑みを浮かべている。縦に描かれているにもかかわらず、横向きにかけられているせいか独特の不気味さが漂う。下手ではないが、決して上手とも言えない絵である。以前、「谷根千《やねせん》」と呼ばれる東京の下町の一角、谷中を散策した際に見かけて気になった店の看板だ。トルコ・イラン・ウズベキスタンの雑貨店であり、トルコ料理店でもある。インターネットの情報によれば、看板に描かれている店主のトルコ人が客に対して毒舌を吐き、それを楽しみながら食事をするのが売りらしい。そして、ベリーダンスのショータイムでは客が一緒になって踊る。二人以上で行けば楽しそうだが、ひとりメシはつらそうなので、結局、入らなかった。

それから数カ月程、経っただろうか。その日のひとりメシをどこにするかを考えながら電車に乗っていると、隣に座っていたサラリーマン二人組の会話が聞こえてきた。

「嫌だなぁと思った営業先ほど、自分を成長させてくれるもんだよ」

上司が部下に助言した発言に僕が感化され、なぜか、トルコ人肖像画の看板が頭を過り、行ってみようと思ったのである。別に営業先でもないのにね。どうやってひとりメシの店を選んでいるのかと、先日、聞かれたが、たいてい、こんな感じである。

ＪＲ日暮里駅で降り、谷中銀座の方へ向かう。コンビニの前でパックに入った豆腐をスプーンですくって食べるバックパッカーらしき欧米人女性、酒屋の前に置かれたビールケースに座り缶チュウハイをすする赤ら顔の老人、寺の散策ツアーでもしているのか地図を持ち、リュックを背負って彷徨《さまよ》うおばちゃんたち、道路にチョークでらくがきする子供たち……下町と観光が入り混じった谷中ワールド。その先の眼下に谷中銀座のアーケードが見え、「夕やけだんだん」と名付けられた階段を降りたところにそのトルコ料理店はある。階段の上から見ると横向きにかけられた縦書きの看板が、いい塩梅《あんばい》に見える。店の前にはざくろジュースやマンゴージュースなど様々な飲料が冷やされたガラス張りの冷蔵ショーケースとピクルスの瓶や調味料などが置かれた棚が並び、それを眺めながら、扉が開けっぱなしになっている店内の様子をうかがう。

照明の光量が少ないせいか、店内は薄暗い。絨毯が敷き詰められ、椅子はない。つまりピクニックメシ状態である。入口に「谷中名物！幸せランチ」と書かれた幕が垂れ下がっているので営業はしているようだが、十六時過ぎと中途半端な時間帯ということもあり、店内に客は見当たらなかった。

一旦、道を挟んだ対面《トイメン》にあるカフェの屋外テーブル席に座り、アイスコーヒーを飲みながら、この食料雑貨店兼料理店の様子を眺めることにした。

ジーンズにグレーのカーディガンを羽織り、厚底の靴を履いた二十代後半くらいの日本人女性スタッフが店の外で作業をしていた。ざくろジュースのパックや「アラジンと魔法のランプ」にでも登場しそうな曲線が美しい照明スタンドを段ボール箱に詰め、宅配便の宛先用紙に書き込んで貼り、歩道の脇に次々と並べていく。長い黒髪のせいもあるのだろうが神秘的な色気を漂わせ、身のこなしにダンサーが発するような色気も感じられる。

彼女と同じくらいの年齢で、円柱状のトルコ帽をかぶったエプロン姿の日本人女性スタッフからは、そういった色気は感じられない。そのかわり、健康的なバイタリティを醸し出し、東南アジアからの観光客らしき中年夫婦に、英語を交じえながら、イランから輸入した美容にいいらしいローズウォーターの説明をしていた。

十七時を過ぎ、風が肌寒く感じ始める頃、カフェの店主は閉店に向け、レジを開けて金を数え始め、カフェの隣のとんかつ屋のおばさんは店の前の植木鉢に水をやった後、暖簾《のれん》をかけた。トルコ料理店では長い黒髪の女性とトルコ帽を被った女性が「お疲れ様でしたー」と言って帰っていき、そのかわり白シャツに黒のベスト、頭にトルコ帽を被った細身の日本人男性が店から出てきた。街が入れ換わる時間のようだ。

会計を済ませ、カフェを出ると、小柄な日本人カップルがトルコ料理店の前に立つスタンド看板を眺めていた。新聞や雑誌で店やトルコ人店主を紹介した記事が貼られているのだ。彼らは、おそるおそる店内に入っていった。一時間近く観察していて初めて店内に入っていく客を見た。そろそろ僕も入るか……と思ったが、風にさらされながらアイスコーヒーを飲んでいたせいか身体がすっかり冷えている。この状態でビールを飲む気にはなれない。

千駄木駅近くの銭湯で身体を温めてから店に戻った時、街は既に薄暗くなっていた。

「七時三十分を超えるとショーのチャージ料が五百円かかりますが、よろしいですか？」

入口に立つ中年の日本人女性は脱いだ靴を入れるビニール袋を渡しながら言った。眼鏡をかけ、エプロン姿の彼女は、おばさまというより、おばちゃんと呼びたくなるような愛嬌がある。

たるませた白い布で覆われた天井のところどころからぶらさがる様々な形のランプが、絨毯をぎっしり敷き詰めた道場のような店内をぼんやり照らしていた。踊るためなのか真ん中の通路はやたら広く、部屋の両脇に天板のみが置かれたテーブル席がずらりと並ぶ。正面奥には等身大とまではいかないが、かなり大きなラクダのぬいぐるみが仏像でも祀っているかのように置かれ、その脇の一番奥のテーブルで、ターバンのような帽子をかぶり、皺加工をほどこしたTシャツを着た年齢不詳の日本人女性客が膝を立てて座った状態で水煙草を吸っていて、その隣のテーブルに通された。彼女のテーブルに料理は載っておらず、「ラク」らしきトルコの蒸留酒と透明のガラスポットに入ったハーブティーが置かれていた。

僕以外にひとり客がいることは心強い。右隣のテーブルでは青白い顔をした細身の中年男性と露出度の高い服を着た若い女性の二人組が食事中だった。客はこれだけ。先程、カフェから見かけたカップルは既に帰ってしまったようだ。テーブルを拭いている様子から察すると、僕が通された席にいた可能性は高い。これだけあいているのに詰めて座らせるということは、この後、客が、どんどん入ってくるのだろう。

「この店は初めてですか？　煮込み料理とご飯のセットメニューもありますし、二千円で食べ切れないコースというのもありますが……」

眼鏡エプロンおばちゃんの流れるような説明は、体形のせいもあるだろうが、定食屋のおばちゃんのような安定感がある。食べ切れないコースを注文すると彼女はにやりと笑った。一緒にトルコのビールも注文する。

ひとり客の女性は、僕が座って間もなく、水煙草を吸い終えたようで立ち上がって帰ってしまった。彼女を目で追いつつ店内の様子を眺める。壁にも絨毯が飾られ、ベリーダンスの衣装もかかっている。全て売り物だ。きらびやかなビキニのようなベリーダンスの衣装が八千五百円。この金額が高いのか安いのか僕にはわからないが、少なくとも普段、着られそうな服ではない。

隣のテーブルの中年男性が天井を見上げながら、女性にランプシェードを買ってあげると言っている。聞こえてくる二人の会話から察すると彼は出版社に勤めているようで、彼女はヌードモデルをされているようだ。

「この照明も売っているんだよね？　あのピンクのが欲しいんだけど……」

中年男性客がトルコ帽の日本人男性スタッフに声をかけると彼は一旦、奥へ行き、少しお腹が出ている長身のトルコ人と一緒に戻ってきた。三十代にも四十代にも見える彼がオーナーのようだ。昼寝を起こされたばかりのような不機嫌な顔で、ため息混じりに台の上に載り、天井から照明を取り外す。ベージュの綿シャツにベージュのチノパンツという格好は、清楚にも見えるが、作業着にも見えた。

「ネフダハ　四千五百円ト　カイテアルケド、八万五千円ダカラ」

もちろん冗談を言っているのだろうが店主の顔は笑っていない。

「かわいいー」と女性客は立ち上がって彼が持つ商品に近寄っていく。

「カワイイ？　ボク　ノ　コト？」

噂通り、客とどんどんからむ。不機嫌そうな顔を崩さないというのが、彼のスタイルのようだ。

「カレ　オカネ　モッテソウダカラ　ツカワセナキャ　ダメダヨ」

男性客は驚いたように振り返り、トルコ人店主を見上げた。

「オトコガ　オカネヲ　ツカッテ　ケイザイ　マワサナイデ　ドウスル！　ソレガ

「死んでしまえ」と客に向かって言うのは、本来、考えられないが、大道芸人が客いじりをしているような感じで嫌味がない。しかし、男性客は明らかに戸惑っている様子だった。商品を包んでもらい、会計を済ませると料理が残っているにもかかわらず、逃げるように帰ってしまった。この店主のことを知らなかったのか、それとも多少は知っていたが予想以上の絡み方に居心地が悪くなってしまったのかもしれない。確かに僕だって同じように絡まれたら、反応できる自信はない。

トルコ人オーナーは一旦、奥に引っ込み、しばらくすると不機嫌そうな顔のまま店を出ていった。そして二度と戻ってこなかった。

客は僕一人になってしまった。厨房と客席をつなぐ小さな窓があるカウンターから、中年のトルコ人男性と中年のトルコ人女性が交互に、どんどん料理を出し、日本人の男性店員が流れ作業のように運んでくる。切り刻んだパスタが入ったスープ、ひよこ豆、ラム、キーマ（ひき肉）の煮込み料理がそれぞれ一皿ずつ、ローストチキンにポテトサラダ、巨大なナンと粒が長いパラパラの白ライス、店の名物らしいソーセージ揚げやラムのハツ（心臓）など……、既にテーブルに載りきらないほどの料理が並んでいた。

トルコ料理は世界三大料理として知られている。フランスの宮廷料理であるフレンチ、中国の宮廷料理である中華、そして、オスマントルコの宮廷料理であるトルコ料理と共通点としては宮廷料理というキーワードがある。しかし、テーブルの上は、種類は豊富だが、宮廷料理という優雅さからは程遠い。油っこそうな料理が並ぶ光景を見ただけでお腹がいっぱいになる。

ついでに不安で胸もいっぱいだった。入口近くに置かれた大きなアナログ時計は十九時十五分を指していた。このままでは二十時からのショータイムの客は僕一人だけである。それでもベリーダンスは行われるのだろうか。一対一のかぶりつきのベリーダンス。想像しただけで、背筋が寒くなる。

眼鏡エプロンおばちゃんは、やることがなくなったのか僕の対面の席にどっかり腰を下ろし、ペルシア語辞典を引きながら、ぶつぶつ言っている。イランなど中近東で使用するペルシア語の勉強をしているようだ。

いったい誰がベリーダンスを踊るのだろう。可能性で考えられるのは十七時で帰ってしまったベリーダンスを踊りそうな黒髪の女性スタッフが、今度はダンサーとして戻ってくる。しかし、そうだとしたら、先程、店を出る時、「お疲れ様でしたー」ではなく、「後ほどー」になるだろう……と考えを巡らせていると、眼鏡エプロンおばちゃんがエプロンを脱ぎ、眼鏡おばちゃんになった。

まさか、彼女が踊るわけないよなぁと思いつつも、二十代の頃、九州の寂れた温泉街で、現地に詳しい友人が連れて行ってくれたストリップ劇場が頭を過る。そこで踊っていた割烹着が似合いそうなおばちゃんが眼鏡おばちゃんとかぶったのだ。頭を振って、当時の光景を振り払うのだが、そのかわりに眼鏡おばちゃんがベリーダンスを僕の前で踊る姿が浮かんでしまう。眼鏡を揺らしながら。いや、あり得ないだろう。でも、どうしてエプロンを脱いだのだろう。いや、違うはずだ……自問自答しながら頭を振り続ける。

そこへ、これまた眼鏡をかけた小柄なスーツ姿の中年女性が入ってきた。

「せんせー、こんにちはー」

眼鏡おばちゃんの挨拶で、「まさか」の妄想の矛先が小柄な中年女性に移る。壁にかかったベリーダンスの衣装に目が行き、再び彼女に目を戻し、いやいや、ないだろうと、またまた頭を振る。でも、せんせーって何だ。せんせーは大根が入ったスーパーの袋を持っていた。スーパーの帰りにベリーダンス。あり得ない。でも、可能性はゼロではない。これが谷中ワールドなのかと思うと納得してしまう部分もあった。

二本目に頼んだトルコの黒ビールを飲み終えると、「ラク」を頼んだ。ストレートで一口すると眉間に皺が寄るアルコール度数の高い蒸留酒だが、強い酒を飲んでいなくては、その場にいられない気分だった。

「ショーが始まる前に食べる?」

眼鏡おばちゃんは「せんせー」に聞く。間違いなく「ショー」という言葉を口にした。やはり彼女が踊るのだろうか。

「ショーの後にします。それにしても今日はお客さんが少ないですね?」

「予約は入っているんだけどねー」

二人の会話の合間に、せんせーと目が合ってしまった。今すぐにでも逃げ出したい気分だった。しかし、僕のテーブルの上の料理は、ほとんど手がついていない。

「さて、やりましょうか?」

せんせーはそう言うと、眼鏡おばちゃんにペルシア語の活用形の問題を投げかけた。様子をうかがっているうちに彼女はペルシア語のせんせーであることがわかった。ほっと胸をなでおろし、でも、誰が踊るのかわからない気持ち悪さが再び蘇る。

十九時三十分を回った頃、六名の女性グループ客が入ってきた。彼女たちをきっかけに店はどんどん混み始める。ほんの二十分程度の間に、四組のグループが入り、店内は一気に活気づく。ほとんどが若い日本人女性客だった。客席はトルコ帽の男性店員だけではとても間に合わず、厨房にいたトルコ人の中年女性も眼鏡おばちゃんも総動員で動き始める。ほったらかしにされたせんせーは、ジュースをすすりながらペルシア語のテキストをめくっていた。

そして二十時を迎えた。店内の照明が更に暗くなり、眼鏡おばちゃんが叫んだ。

「本日のショーはサンバです」

サンバ？　あれ？　ブラジル？　と思う間もなく、打楽器の音が鳴り響き、露出度の高い赤いビキニに羽根をつけた日本人女性が現れ、サンバ独特のリズムを足で刻み始めた。メイクでわかりにくいが、かなり年増の方と思われる。客席内に戸惑いの空気が流れていた。ベリーダンスではなくサンバだったことへの戸惑いではなく、若いダンサーではなく、年増のダンサーだったことへの戸惑いでもない。目と鼻の先で露出度の高い女性がぶるぶる、ばりばり……。なんでもいいが、とにかく裸に近い状態で踊っていることに対する戸惑いである。

ダンサーは、そんな客席の空気に全く動じることなく、堂々と踊り、客を引っ張り出していく。抵抗しながらも真ん中に出された女性はダンサーから言われた通り、ぎこちなく踊り始め、同僚らしき女性客はスマートフォンで撮りまくる。あっという間に客席内の戸惑いの空気は消えてしまった。

引っ張り出される客はテーブルごとに移っていく。まずい。これでひとりメシの僕が出されたら地獄だ。あっという間に隣のテーブルの客まで進んできていた。絶対にダンサーと目を合わせないようにしようと思っていると僕のテーブルは飛ばされた。気を使ってくれてありがとう……と言いたいところだが、これはこれで目立ってしまう。まるで小学校の授業で本読みを前から順番に当てられ、自分のところだけ飛ばされ、周囲から憐みの視線が集中してしまうかのように。何をしたわけでもないのに、穴があったら入りたい気分だった。帰りたい。しかし、踊っているスペースを通っていかないと外には出られない。

僕の思いとは裏腹に客席のボルテージはどんどん上がっていく。曲が進むにつれ、次第にダンサーと一緒に踊る人の数が増えていった。

「最後はインドのテクノで盛り上がるよー」

既にトルコもサンバも関係なかった。しかし、そんなことを気にする客は誰もいない。ある意味、この店は外国だった。店内は日本の料理店では見られない空気に包まれ、既に三分の一の客が真ん中で踊っていた。手をぐるぐる回したり、身体を回転させたり、ダンサーの振付に合わせて踊ることを楽しみ、一列になって客席に向かっていく。当然、僕のテーブルにもやってくる。目のやり場に困り、スマートフォンを手に取り、来てもいないメールを何度もチェックした。断言する。この店はひとりメシには向いていない。

12 世界一周したからってウイグル料理を知っているとは限らない（埼玉県さいたま市桜区）

初めて訪れる店で、店主や店員と会話ができるかどうかは店の造りが影響する。テーブル席しかない店よりカウンター席がある店の方が会話できる確率は高くなる。とはいえ、店主や働いている店員の性格、客が多くて話せないなど、訪れた時の状況もあるので、結局のところ、会話できるかどうかは行ってみないとわからない。

七、八名が座れるカウンター席に座り、十分程経った。この料理店の場合、店主から話が聞ける可能性は詰まっていた。日本語が流暢な外国人店主は話すことが嫌いではなさそうだし、客は僕以外に上下ジャージ姿の小太りの中年男性しかいない。

ただ、このジャージ男が問題だった。話好きの常連客のようで、ひっきりなしに店主としゃべっているのだ。来店客の性格というのも店主と会話ができるかどうか大きく影響するのである。

「この間、店主いなかったでしょ？　奥さんとAさん、がんばってたよ」

ジャージ男は店の内部事情に精通していた。Aさんというのはカウンター内の厨房と暖簾で仕切られた奥にあるもう一つの厨房というか部屋にいる外国人スタッフのことだろう。髪は少々薄いが顔は濃い外国人店主は、僕が注文したウイグル式水餃子「ペンツェル」を鍋からすくい上げながらジャージ男の会話に相槌《あいづち》をうち、「おかあさん、元気？」など逆に質問を投げかける。店主もジャージ男の家族事情に精通していた。

ピンクのTシャツを着た小柄な中年女性が、できあがったペンツェルを店主から受け取り、僕が座ったカウンター席まで運んでくる。彼女はジャージ男が話題にしていた奥さんのようだ。肌が白くきれいな顔立ちで、将来、かわいいおばあちゃんになることまで想像できそうな女性だった。

ジャージ男は仕事が休みらしく、ライチサワーをちびちび飲みながら、ご機嫌な様子で店主と会話を続けた。常連客と店主とのやりとりの中に、うまく入り込む人がいるが、僕の性格では、とても無理だった。

「世界一周してきたくせに、情けない男やなぁ」

現在、岐阜で一緒に暮らす母ならそう言いそうだ。彼女は何かにつけて「世界一周してきたくせに」と言う。世界一周してきた程度で性格が変わるとでも思っているのだから困ったものである。世の中の見方は多少、変わるかもしれないが、性格などそうそう変わるものではない。

先日も中国の新疆《しんきょう》ウイグル自治区の話になり、「新疆」ってどういう意味なのかと聞かれた時もそうだった。

「世界一周してきたくせに、知らんのかね？」

世界一周してきた程度で世の中のことが全てわかるようになるとでも思っているのだから困ったものである。その場でスマートフォンを起動させ、検索サイトに新疆ウイグル自治区を打ち込んでみた。「新疆」というのは、「新しい国土」という意味らしく、清朝の頃、支配下に置かれた新しい国土という意味合いでウイグルの地名の前につけられたようだ。調べたついでに何気なく「ウイグル料理」と入力して出てきたのがこの店だった。

最寄りの駅は埼京線与野本町駅。駅前のマンション建設予定地の看板とブルドーザーを横目に、全国どこにでも現れるファッションチェーン店「しまむら」と子供服やベビー服で知られるチェーン店「西松屋」の脇を通り、自転車に乗る埼玉大学の学生らしき若者たちと何名かすれ違い、Jリーグ浦和レッズの旗が飾られた通りに埼玉を感じながら十五分程度歩くとウイグル料理店に辿り着く。

ジャージ男は以前、交際していた中国人女性の話を始めた。どうやら、ほんの数カ月で別れたらしい。

「やっぱり文化が違うと難しいよ。楊貴妃みたいに扱えって言われてもね。最初はいいけど、そのうち何様だよって思っちゃってさぁ。この人たちみたいにきれいだったら続いたのかなぁ。やっぱりウイグルの女性はきれいだね」

ウイグル語の和訳辞典や中央アジアのガイドブックが並んだ本棚の上に置かれた小さなモニターにミュージックビデオが流れていた。女性歌手が歌い終え、次に中央アジアの弦楽器「ドタール」を奏でるバンドが現れた。ホームページで店主の写真を見た時にも、ペンツェルを持ってきてくれた奥様にも感じたが、ウイグル族は中国人というよりはトルコ人に近い顔つきである。

ウイグル自治区は名前の通り、元々、ウイグル族が住む場所だった。しかし、近年、どんどん漢族が入植し、今では漢族の方が多いのではないかと言われている。そこに漢族とウイグル族の雇用格差なども重なれば、当然、ウイグル族から不満も出るだろう。ニュースで時折、見かけるように民族紛争も起こっている。新疆ウイグル自治区、チベット自治区、内モンゴル自治区は、それぞれ独立してもいいくらい大きく、この三つで中国の四十パーセント以上の面積を占め、その中でも新疆ウイグル自治区は特に大きく、日本の面積の四倍以上、世界の国々の面積と比べても新疆ウイグル地区だけで上位二十位以内に入ってしまう。

「ウイグル料理は初めてですか？　ラムは大丈夫ですか？」

店主はジャージ男にラグメンなるウイグル式のうどんを出した後、僕に声をかけてきた。ラム肉を使用した餃子は、独特のクセが病みつきになりそうな美味しさで、ビールにもよく合う。

「ケバブもおススメですよ」

店主は、きれいな日本語でウイグル料理の説明をしてくれた。シルクロードなど地理的な要素もあり、様々な文化が入り込んでいるので料理の種類が豊富なのだそうだ。ナンもあれば、ピラフのような米料理もあるし、ジャージ男が頼んだラグメンなるうどんのような麺料理もある。麺は注文が入ってから、店主が手で小麦粉を練り、包丁を使わないで、延ばして細い麺に仕上げていく「手延べ式」の作り方である。素麺のような細麺かきしめんのような太くて平たい麺が選べ、麺を茹で上げると、スープに入れるのではなく、皿の上に盛り付け、ラム肉と野菜などを炒めた料理を載せて食べる。

ジャージ男は辛みが欲しいと唐辛子を頼み、店主はどんぶりに入った唐辛子をカウンター越しに渡す。カウンターの装飾は中華料理店でよく見かける赤を多用しているが、柱の形は中近東で見かけそうな曲線を描き、建築にも様々な文化が入り混じっているようだ。

注文したケバブ用のラム肉の脂が火に落ち、厨房に一気に煙が湧き上がる。ジャージ男は煙には何の興味も示さず、池袋にある中国人経営の食料雑貨店の話を始めた。惣菜の野菜炒めが直射日光に当たったまま売られているから買わない方がいいだとか、ライチがそろそろ売られるが、池袋のライチは質が悪いので上野で買った方がいいだとか、ほとんどが店の悪口なのだが、楽しそうで愛情を感じる。結局のところ、池袋の中国人街が好きなのだろう。

時計は十四時をまわり、カウンター内の厨房では夜の営業のための仕込みが始まっていた。ジャージ男がAさんと呼んでいた外国人男性が暖簾の向こうの部屋で洗い物を済ませ、野菜を切っているようだ。ボウル一杯のにんにくのスライスやケバブ用のステンレスの串の束を持ち、奥の部屋と厨房を何度も往復している。店主はケバブの焼き具合を見ながら、調理台の上で餃子の皮でも作るのか小麦粉をこねる準備を始めた。中年女性はウイグル語らしき言葉で店主と一言、二言交わし、通帳や売上金が入っていそうなポーチを持って店を出ていく。

ケバブをカウンター越しに受け取りながら、気になっていたウイグルで獲《と》れたブドウで作られた白ワインとラグメンを注文する。店主は一旦、カウンターから出て、白ワインを目の前で注いでくれた。この店は家族でやられているのかと奥の部屋を指しながら聞いてみた。

「彼はインド人で従業員です。さっき出ていったのは奥さんです」

Aさんがインド人だったことより、店主の口から「従業員」という言葉が出ることの方が驚いた。

「さぁてと帰ろう。ごちそうさまー」

店主と僕が言葉を交わしているとジャージ男が席を立ち、会計を済ませて帰っていった。

「新聞社の人ですか？」

ジャージ男の使った器やグラスを片付けながら、店主が聞いてきた。僕が料理の脇にメモ帳を置いて書き留めていたからだろう。スマートフォンのメモ機能を使うこともあるが、文字を打ち込む速度が遅いので、手書きのメモ帳を使うことの方が多い。殴り書きの方が速く、後日、見直した時、筆跡で、その時の状況まで、じんわりと蘇ってくるからだ。あまりに汚すぎて読めないこともあるけれど。

新聞社の人間ではないが、文章を書く仕事をしていますと答えた後、逆に質問を投げかけた。

店主は日本に住んで十七年になるそうだ。来日して最初に通い始めた日本語学校がたまたま南与野にあり、そのままずっと住み続け、店まで出した。店内に貼られたイチゴ狩りツアーのチラシやこの店が参加する地域イベントのポスターから、店主が地域に溶け込んでいることは想像できる。

「日本でこの街以外に住んだことはありません。他の場所に移るって大変でしょ？」

確かに外国人として日本で人間関係を築くことの難しさは想像できるし、外国人が店を開く難しさは僕では推《お》し量れない程の苦労があるのだろう。

店主は、本当は日本で貿易商の仕事をしたかったが、それには資金が足りなかった。そこで、まずウイグルの食文化を伝える飲食店を開業して、現金を稼ぎ、軌道にのったところで、貿易の仕事も始めようと思っていた。しかし、実際、飲食店を始めると、そんな余裕はなく、毎日、店を切り盛りするだけで精一杯だった。二年後に店を法人化し、今年、開店から七年目になり、ようやく少し余裕が出てきたので、念願の貿易の仕事も始めたそうだ。

彼は話しながらも手は忙しなく動かし、ラグメンを作って出してくれた。おろしうどんもしくは、生卵のぶっかけうどんのようなあっさりした汁なしうどんは時折、食べるが、どっしりした炒め物が載った汁なしうどんは初めてだった。うどんというよりホイコーロー丼（これが、ある店も少ないけど）を食べているようなボリューム感がある。

ラム肉を噛みしめながら、食材の仕入れに、このところの円安の影響はないのか尋ねてみた。当然、彼の貿易にも関係してくるだろう。

「ないと言ったら嘘になるけど、うちくらいの会社の規模だと、そこまで影響は受けません。円安や円高は世界の仕組みや流れの中であることだから、仕方がないです。僕らは対応していくだけ。いつも思うことがあるんですよ。僕が十七年前に日本に来た時、コンビニのおにぎりは百円でした。今は？　変わらないでしょ？　世界が円安だろうが、円高だろうが、値段が高騰しないで、原材料を輸入する場所を探し、機械や人の流れでコスト削減の知恵を絞りながら、可能な限り値段を維持していくんですよ。これが日本のすごいところ……」

経済や経営の話を始めたら、店主は話が止まらなくなった。彼は日本語学校で日本語を学んだ後、日本の大学院で経営学を学んでいたのである。

13 インド料理激戦国日本で鳥栖に辿り着いたカレー職人（佐賀県鳥栖市）

子供の頃、いや、三十歳を過ぎるまで、カレーは家庭かキャンプ場、学食か食堂せいぜいファミレスで食べるイメージが僕の中にはあった。しかし、ここ十年程の間にカレー専門店が続々と増え、今では東京のカレー専門店を集めただけで一冊の本ができる。もちろん、その中にはインド料理店のカレーも含まれる。インド人経営のインド料理店も全国的に増え、僕の住んでいる岐阜県の田舎町にだってあるくらいだ。だからというわけではないが、岐阜県と地味さ加減では似ている九州は佐賀県（と僕は思っています。佐賀の皆さん、不愉快だったらごめんなさい）にインド人経営のインド料理店があっても不思議ではない。

本来、鳥栖市に降り立つ予定はなかった。その前に滞在していた長崎で朝食ビュッフェが有名なビジネスホテルは連泊できず、次の滞在先の博多で予約していたデザイナーズホテルもやはり人気があるようで前倒しで連泊することができなかった。同じ街で別のホテルに泊まる選択もあったが、それだったら長崎から博多に移動する間に別の土地で一泊しようと思い、ネットで検索するうちに鳥栖市のマッサージチェアが部屋にあるビジネスホテルに目が留まった。

二十代から三十代にかけて、大道芸をして全国を渡り歩いていた時期があり、この街にも子供ショーで訪れたことがある。地名は憶えていたが、街の様子は全く憶えていない。きっと夜に到着し、コンビニで買った夕食で適当に済ませ、翌日、幼稚園でショーをして、その日のうちに、次の土地へ移ってしまったのだろう。ただ、少なくとも当時は駅前に、こんな立派なサッカースタジアムなどなかったはずだ。現在、J1に昇格したサッカーチーム「サガン鳥栖」のホームグラウンドである。

ホテルのフロントで様々な料理店の場所を聞いていると、インド人経営のカレー専門店の話が出た。

「歩いたらかなり遠いですよ」

そう言われたが、こちらは時間が腐る程あった。せいぜい夕方、部屋でワールドカップ予選の日本戦を観るくらいしか予定はない。

シャワーを浴び、草履《ぞうり》に履き替えてホテルを出た。外は、まだ昼間の太陽で日差しは強い。駅前のメインストリートを西に歩いていくと国道34号線に出て、そこを左に折れ、南に下って……とフロントで受けた説明通りに歩いていく。国道の上を交差する長崎本線の高架下をくぐると工場地帯が広がっている。

ブリヂストンのロゴが入ったお揃いの赤い帽子をかぶり、作業服を着た六名ほどの若者グループが前を歩いていた。きっと工場の夜勤に向かうのだろう。会話をしながら歩く横顔は日本人ではなかった。このあたりは外国人労働者も多そうだ。彼らは道路脇に何やら見つけたようでグループごと立ち止まり、木の枝でつついている。まるで登下校の途中を楽しむ小学生のようだ。彼らは低木の枝にからまる蛇をつついていた。聞こえてくる言葉から察するとタイ人のようである。

彼らを抜き去り、さらに歩いていくと突如、「本格インド料理」の文字とカレーやタンドリーチキンの料理写真が載った大きな黄色の看板が現れた。蕎麦屋で手打ち蕎麦を打っている様子を見せるように、ナンを作っている様子を見せるためなのか店舗には道路に面してガラス張りの作業部屋もある。

店内に入ると小太りのインド人の中年男性が客席に座っていた。目の前には食べ終わったらしき汚れた皿が二つ程、置かれている。客は誰もいない。きっとディナータイムが始まる前に腹ごしらえをしていたのだろう。

「いらっしゃいませ」

白シャツに黒のベストを羽織った彼はすぐに立ち上がり、窓際の席へ案内してくれた。その間に他のインド人の店員が素早く彼の皿を片付ける。彼もやはり白シャツに黒のベスト。この店の客席係のユニフォームなのだろう。

メニューを見ると、インドのビールとともにネパールのビールも置いてある。

「インドとネパールは近いですから。この店はインド人と一緒にネパール人も働いています」

流暢に日本語を操る小太りのインド人中年男性が店主だった。

ネパールのビールが運ばれてきた際、いつものように、この店は長いのかどうかを聞き、その流れで日本に来てから何年になるのかを尋ねてみた。少しずつではあるが初めて入った店で、こういったことを聞くタイミングにも慣れてきた。大道芸と同じでたとえ不器用でも数をこなせば、身についていくものである。

店は開店してから四年、来日してから十七年になるそうだ。長いですねと僕が言ったところで、厨房にいたコックコート姿の若い男性から店主が呼ばれた。僕が座っている席から厨房の様子もよく見えた。ヒンズー語は全くわからないが、ふてくされたような若い男性に対し、店主が怒っているようだ。店主の言葉に若者は返事をするわけでもなく、再びふてくされるようにフライパンに向かった。

「すみません。彼は、まだ入ったばかりでして。彼はネパール人です」

店主は気まずそうに僕の方に向き直り謝った。やはり叱っていたようだ。言葉はどうしているのかと尋ねると、ヒンズー語だと言う。ネパール語と似ていて、特に文字表記は似ているのだと、日本人が中国語を漢字で想像できる例を用いながら説明してくれた。しかも、日本にやってくるネパール人は、一旦、インドで働いてから来ることが多く、彼もその一人で、ヒンズー語の会話にも慣れているそうだ。

ネパール人の彼は、ベテランらしきインド人のコックに教わりながら、僕が注文した「マサラパパド」を作っていた。豆から作った薄焼きの煎餅に辛いソースで和《あ》えた野菜の具が載った料理である。店主に怒られた不満を詰め込んだのではないかと思うほど辛かったが、ビールにはよく合った。

どこから来たのかを尋ねられ、岐阜から来たと答えると、店主は、岐阜に一日四十万円売り上げるインド人経営のインド料理店があると言った。僕の住む田舎町にあるインド料理店が頭を過り、詳しい場所を聞いてみると、そこではなかった。岐阜県の中にもインド人経営の店は、いくつもあるらしい。彼が岐阜に詳しいのは、鳥栖市に店を出すまでは名古屋市の北側に隣接する春日井市のインド料理店で働いていたからだった。

彼はインドのデリー出身で、デリーにいる時からインド料理店で働いていた。そこからドバイにあるインド料理店を経て、日本に渡り、東京、春日井のインド料理店で働き、四年前、佐賀に移って自分のインド料理店を持ったカレー一筋の人生である。どうして佐賀に店を出したのだろうか。

「日本は、今、インド料理店が多くて競争が激しいんです。日本で可能性のある場所を探しているうちに、鳥栖市に辿り着きました。ここには可能性が詰まっています。値段がちょうどいい不動産もありましたしね。本当は、もう少し小さい四十席くらいの店が欲しかったんですが……」

そう言って、六十席程ある店内を見回した。テーブル席と座敷席の両方あり、茶系の素朴なテーブルクロスで覆われ、ところどころの柱には象の顔を持つ神様ガネーシャのタペストリーがかけられている。レストランの有名口コミサイトの表彰状も飾られているところから察するとネット上でも、かなり有名な店のようだ。

煙を巻き上げながら、鉄板にのったインド版つくね「シークカバブ」が運ばれてくる。かなり熱く、ふぅふぅ息を吹きかけながら、柔らかい肉の食感を堪能する。店主は、おしゃべり好きのようで、僕がほふほふ食べている間もテーブルの近くに立ったまま語り続けた。もちろん客が僕以外にいなかったということもある。人に見られながら食べるのは、少々辛いが、料理のコメントを求められるわけではなく、料理にまつわるエピソードを聞くだけなので楽しくもあった。

デリーに住む八十七歳になる彼の母親の食事の話が興味深い。ヒンズー教とチベット仏教が入り混じった新興宗教の信者らしく、宗教上の理由から動物の肉はいっさい食べない。それだけではなく、たまねぎ、にんにく、種類によっては豆もダメなのだそうだ。僕が食べていたシークカバブなどは、もってのほかである。

「私は肉を食べるので、デリーにいる時は母と別の鍋を使います。肉を調理した鍋で母の料理を作ることもダメなんです」

カレー味のチャーハン「ビリヤニ」が運ばれてきた。

「日本のお米を使っているので、パラパラしてないですけどね」

店主が言う通り、チャーハンのようなパラパラ感はなく、少しだけカレーが残っている鍋に白飯を入れ、よくかき混ぜて取り出した感じだが、これはこれで美味しい。シナモンもよく効いている。サービスでつけてくれたひよこ豆のカレーも美味しく、僕の胃袋がもう少し大きければ、カレー一筋の職人が作る様々なカレーを食べ比べてみたかった。

飲み物をビールからウィスキーに変えた。インドはイギリスの植民地時代からスコッチウィスキーの製法で作っていて、ウィスキー生産量はかなり多い。僕が頼んだウイスキーのようにインドのブランドでも、生産はネパールといった物も多いらしい。水のことを考えると、山が多いネパールで作った方が美味しそうな気もする。

「私も日本では多少、酒を飲みますが、インドでは一切、飲みません。肉は許してもらえますが、酒を飲んだら、家に入れてもらえませんから」

母親の住む故郷の話がよく出てくるが、デリーに戻ってインド料理店を出すことは考えなかったのだろうか。

「考えたことはありません」

先程まで笑っていた彼の顔が急に曇った。今のインドは嫌いなのだそうだ。日本でも格差という言葉をよく聞くが、それでもみんなスーツを着ているし、ぼろぼろのTシャツを着ている人など見かけない。インドの格差とはレベルが違う。お金持ちは更にお金持ちになる現代のインドの社会構造に問題があり、金持ちは、みんなネパールに隠し口座を持ち、余剰金を入れ、脱税は当たり前のことなのだと彼の語気はどんどん強くなり、最後に言い切った。

「そんな国でビジネスをしたくはありません」

現在、彼は日本に帰化しようか迷っているそうだ。小学生の子供が三人おり、みんな生まれた時から日本なので、日本語の方が堪能で、将来を考えると日本国籍の方がいいと思うと述べた。もちろん店を経営する上でも帰化した方が何かと便利なことも多いだろう。

「インド人にとって移住先としての日本は、そこまで人気があるわけでもないんですけどね。物価が高いイメージがありますから」

インド人の移住先の話になると再び笑顔になった。インド人にとって移住先の一番人気はカナダらしい。僕が大好きなインド人のプロレスラー「タイガー・ジェット・

シン」もカナダ在住のインド人なのだと言ってみたが、「知りませんね」という一言であっけなく返されてしまった。粘り強く、偉大なインド人レスラーについて説明しようと思ったが、彼はプロレス自体に全く興味がないようだった。

そこで、数日前に観たインド映画の話をふってみた。すると、眉間《みけん》に皺まで寄ってしまった。インド映画は嫌いで観ないし、そもそも映画自体が嫌いなのだそうだ。

「作ったお話で嘘ですからね。それだったら、ニュースを観ます。今、起こっていることから学んだ方がいいです。その方がビジネスにも生かせますし。まぁ、子供たちはインド映画が大好きですけどね」

ふった話題が二回続けて空振りに終わり、決して後味はよくないが、そろそろワールドカップ予選の試合開始時間も迫ってきたので会計をしてもらう。こうなったら三振覚悟でサッカーチーム「サガン鳥栖」の話をふってみた。インドはクリケットが盛んな国なので、店主はサッカーに興味がないことが予測できた。しかし、意外や食いついてきた。少なくともプロレスやインド映画よりは興味があるようだ。

サガン鳥栖はＪ１に昇格してから街に活気をもたらし、スタジアムを訪れる客も飛躍的に増え、店主も観に行くことがあるそうだ。

「いつかスタジアムで店のチラシをまいて、ゆくゆくはうちのブースも出して、いろいろな人に店の味を知ってもらいたいんですよね」

彼にとってサッカー場はサッカーを楽しむ場所というより、ビジネスを広げる場所のようだ。

店を出る際、彼の趣味を聞いてみた。「趣味」という日本語が通じなかったようで、「ＨＯＢＢＹ」と言い直す。「あぁー」とうなずいた後、

「店を増やすことですね」

と答えた。僕の発音が悪く、「ＨＯＢＢＹ」が「ＨＯＰＥ」に聞こえてしまったようだ。まぁ、「ＨＯＢＢＹ」と伝わっていても、「仕事」と答えるんだろうなぁ。

14　辛くはできても甘くはできないバングラデシュカレー屋（福岡県福岡市中央区）

ＮＰＯに力を注ぐ人と聞いただけで、苦手意識を持っていた時期がある。崇高な理念を元に自分たちの考えが常に正しいかのように「べき」論を並べ、こちらが質問を投げかけると、否定されたと勘違いし、ものすごい口調で責められるということが何度か続いたからだ。もちろん、その時期に出会ったＮＰＯの方々がたまたまそうだっただけの話で、その苦手意識も今ではないんだけどね。

「おかしいですよ。約束は守るべきです」

店の扉を開け、中に入ったところで、バングラデシュ人の姿が見え、「べき」の助動詞が耳についた。バングラデシュ人が経営しているカレー屋が博多にあると福岡在住の友人から聞いた際、ＮＰＯ活動にも力を注いでいる方だと言っていたことが頭を過り、ＮＰＯに苦手意識を持った時期を思い出してしまった。

グレーのTシャツを着た大柄のバングラデシュ人店主は、入口に近いテーブル席に座り、無表情のまま、かなり強い口調で目の前に座る日本人男性を責めている。嫌な時に来ちゃったなぁと、一瞬、出ようかとも思ったが、店主の彫りの深い奥目と目が合ってしまった。

「いらっしゃいませ」

感情を押し殺すように言うと無表情のまま立ち上がった。取り残された男性が座る気まずい空気が流れるテーブルの脇を通り、奥の二人がけテーブル席に向かう。彼のテーブルの上にゲラと呼ばれる雑誌の試し刷りらしき物が置かれているところから察するともう一人の男性は編集者なのだろうか。水など飲み物が何も置かれていないので客ではないのだろう。ということは、客は僕だけ。

席につくとキッチンと繋がっているカウンターの上に大振りのワイングラスが十個程、ぶらさがっているのが目に留まる。どうやらワインはあるらしい。バングラデシュの国教はイスラム教なので、アルコールは置かれていないだろうと覚悟していたので意外だった。

ワインがあるということはビールもあるのではとメニューを開く。バングラデシュのビールはないが、日本のビールは置いてあり、焼酎も日本酒もある。売りであるカレーは薬膳カレーとエビカレーと月ごとに変わる魚のカレーが中心で、添えられた言葉が、まるで店主のことを現しているように思えた。

「辛くすることはできますが、甘くすることはできません」

ビールが運ばれてきた際、薬膳カレーを注文する。眼鏡をかけた編集者らしき彼は修正用の赤いボールペンを握り、眉間に皺を寄せながらゲラを眺めていた。彼の頭越しに見える壁には、白い紙に「今月の魚のカレーは鯛カレー」と書かれている。薬膳カレーの倍以上の値段で千八百円。鯛が入っているからとはいえ、カレーとしては高い。いったい、どういったお客さんが、この店に来るのか想像がつかない。

場所は博多の繁華街「天神」から歩いて十分程度。警固交番という警察にふさわしい地名がついた派出所の前の横断歩道を渡り、イタリアから取り寄せたレンガで造った釜で焼いたピザを出すと看板に書かれたイタリア料理店、スーパー前に堂々と建つ無農薬専門の八百屋、頑固そうな男性が作業している様がガラス越しに見えるコーヒー豆の焙煎屋など、こだわっていそうな店が建ち並ぶ商店街を抜ける。道はどんどん細くなり住宅街へと入り、そこからさらに脇道を入っていく。すると、部屋番号の書かれたプラスチックのプレートが直接、ドアに貼られた昭和の香り漂うアパートが現れる。アパート部分は二階で、その一階部分を店舗用に改築したのだろう。木の温もりが感じられる内装で、六つ程置かれたテーブル席と販売用のバングラデシュの雑貨が並べられたスペースがあり、厨房と客席はレジや持ち帰り用のカレーパンが置かれたカウンターで仕切られている。

「この店は、はじめてですね？」

テーブルにカレーを置くと店主は表情を探るかのように僕の目を見つめた。ご飯の上に載っているのは黒ごまではなく、黒クミンで美肌によく、カレーには十九種類のスパイスが入っていて、食べると身体が温まり、汗をたくさんかいて身体にいいです……と流暢な日本語で一通りカレーの説明を終えると再び編集者が座るテーブルへと戻る。座る寸前、サリーのような民族衣装を着た中年女性が店内に入ってきた。店主と一言、二言、ベンガル語（だと思う）で親しげに言葉を交わすと、またすぐに出て行ってしまった。奥様なのかもしれない。

僕の注文したカレーを準備し、親しい人と母国語を話すなど、席を立ってから間が空いたせいか、多少は感情が落ち着いたようで、店主の口調は穏やかになっていた。

「私も上から目線で言っているわけではないんです。私たちは本当に努力しているんです。それを理解してもらったからたくさんのスペースをもらうことができたと思っていました」

バングラデシュ人から「上から目線」という言葉が出るとは驚きである。そう僕が思ったことを編集者は口に出して言った。店主は、それに対し、何も答えず、黙ったまま雑誌のゲラに目を通していた。どうやら、かなりのスペースを割いて、この店の紹介記事を掲載すると約束したにもかかわらず、できあがってきたページのスペースが小さかったようだ。

「次は必ず。そうそう、先程、スパイスは十九種類っておっしゃっていましたね。今、ここには十六種類と書かれているので直しておきましょうか？　それと、円高で原材料が高騰しているにもかかわらず、値段は据え置きということも付け加えておきましょうか？」

編集者はスペースが減った話題をそらしながら、店主の機嫌がよくなりそうな言葉を選んでいることが、こちらにまで伝わってくる。

「まだ時間ありますか？　今、試作中のカレーのパウンドケーキがあるから食べていってください」

店主は席を立って厨房の中に入って行った。小さな器に入れた一口サイズのパウンドケーキと水の入ったグラスを編集者に出した。その後で、僕のところにも食後のチャイに添えてパウンドケーキを持ってきてくれた。

「食べて感想をください。建前ではなく本音でお願いします」

「建前」や「本音」の単語がさらりと使えるバングラデシュ人。ただ者ではない。いったい日本に来て何年になるのだろう。後で聞こうと思ったら、編集者が聞いていた。十四年になるらしい。

「カレーのケーキって聞いたら『えっ？』って思うけど、イメージと違いますね。これはおいしい」

編集者は一口食べて感想を述べた。店主はカウンターの中でパウンドケーキを片付けながら、僕の方へ視線を移す。何か言わなくてはと思うのだが、その場で咄嗟に答えることが苦手な僕は言葉が出てこない。絞り出すような声で「美味しいです」としか言えなかった。それは建前ではなく本音だった。カレーと言うよりハーブを使ったパウンドケーキに近い……と今なら言えるのだが。

「ありがとうございます」

店主は静かに礼を述べ、このケーキを作るきっかけになった経緯を語り始めた。ある日、常連客の会社が経営する店で、店主が作ったデザートを出したいと相談を持ちかけられた。この店にはレモンパイなどのデザートメニューもある。店主は、新しいデザートを開発すると言って電話を切り、その晩、徹夜してこのパウンドケーキを作り、翌朝、常連客の元に届けた。その場で即商品化が決定したそうだ。

「ここでも出すんですよね？　値段決まっているんですか？　それも情報に入れておきましょうか？　あっ、そうだ。次の号はスイーツ特集だから、そこでどーんと取り上げましょう」

編集者は一気に口が滑らかになっていた。こんな調子で、この店を大きく紹介しましょうと言ったことが想像できた。

「まだ研究したいので、情報を出すのは、もう少し先にします。商品として出し始めたら、そのときに、また連絡します」

店主の方が冷静だった。

編集者が出ていくのと入れ替わりで、会社帰りらしきスーツ姿の中年女性と若いカップル客が次々と入ってきた。

「久しぶりですね」や「Aさんは元気ですか？」といった挨拶を店主が交わしているところを見るとどの客も常連のようだ。常連客に対しても淡々とした口調は変わらなかった。

翌朝、便が出た。僕は子供の頃から便秘症で、特に旅に出るとひどくなる。今回の九州の旅も到着してから三日程、便意を感じることは全くなかった。まぁ、いつものことなので気にしていなかったのだが、何の意識もなく、小用を足すために便座に座ったら、するっと便が放出されたのだ。ウォシュレットでお尻を洗い流しながら、前日の夕食に食べたバングラデシュのカレーを思い出し、「身体にいいです」とカレーの説明をした店主の顔が浮かんだ。

その日の昼食で、再び店に向かった。

「あれ？　こんにちは。どうぞ。今、開けたところです」

店の外の草木に水やりをしていた店主は、僕の顔を憶えてくれていた。大袈裟に喜ぶわけではないが、口元には穏やかな笑みを浮かべていた。

エビカレーを注文すると店主は言った。

「七、八分待ってください」

五分もしくは十分ではなく具体的な数字だった。待っている間、壁に貼られた新聞の切り抜きを読む。写真には店主が写っており、空き缶を集めて手に入れたお金でバングラデシュに病院を作る活動を紹介した記事だった。店内には発展途上国の製品を適正価格で購入する「フェアトレード」の説明が書かれたパネルも貼られ、バングラデシュ産のハンドメイドの鞄やストール、雑貨などが販売されている。こういった様様な活動を彼が代表を務めるNPOでやられているようだ。

インドの東側に位置するバングラデシュは、北海道と東北地方を合わせたくらいの小さな国である。そこに日本より多い一億七千万人程度の人が暮らしている。シンガポールのような都市国家を除けば、世界一、人口密度の高い国だ。まだまだ発展途上の国で無村医も多く、そういった場所に病院を建てたいというのが店主の願いのようだ。

驚くことにカレーが目の前に置かれるまで本当に七分の待ち時間だった。

「エビは殻ごと食べられます。そして、食べる時に一つだけ」

店主は僕が着ていた白シャツを指した。

った。

「カレーが、はねないように注意してください」

その心遣いに感動し、手を合わせて拝むようにお礼を述べ、「いただきます」と言った。

エビは殻ごと食べられる程、煮込まれていた。煮込んだだけで、これだけ柔らかくなるものなのだろうか。きっと聞いたら「企業秘密です」と怒ったように言われそうだ。でも、怒られている光景を思い浮かべると微笑んでしまう。僕は、すっかり店主のファンになっていた。

開店してから三十分足らずで、客席の半分以上が埋まってしまった。昨晩同様、常連客が多かったが、この店が初めての老人のグループもいた。彼らが「カレーの辛さ」について店主に質問していた。

「甘くはできません。だったら薬膳カレーがいいと思います」

誰に対しても態度を変えず、冷静に答える。老人グループは店主のNPOの活動を紹介した新聞で、この店のことを知ったようだ。彼らはカレーを待っている間、バングラデシュの雑貨を興味深そうに選んでいた。

店主はカレーを出す際、グループの中で一番高齢そうな女性の老人の年齢を聞いた。

なんと九十三歳だった。九十三歳がカレーを食べることに驚いたが、この店のカレーだったら食べられそうな気もする。

「私の作ったカレーを食べた最高記録は、九十二歳です。それをあなたは超えました。後で一緒に写真を撮ってください」

店主の言葉を聞いて、九十三歳の女性は、かわいらしい笑顔を見せた。店主の言った最高記録は本当かどうかわからない。たとえ嘘でも、彼の人柄が出た優しい嘘だった。

「嘘じゃありません」

って怒られそうだけど。

15 ロシア流酒の呼び方と飲み方（福岡県福岡市中央区）

生まれて初めて行った外国料理店はロシア料理だった。当時、小学二年生だった僕が何を食べたかは憶えてないが、「酸っぱい料理」というおぼろげな味の記憶は残っている。そして、その食事の席で歌手の加藤登紀子の話が出た……らしい。小学二年生の僕は、ウルトラマンは知っていても、加藤登紀子は知らなかったと思う。それを僕が憶えているのは、後に母は彼女がテレビに登場するたび、彼女の父親がロシア料理店を経営しているという話を、僕が初めて行ったロシア料理店で聞いたと何度も言っていたからだ。

母の記憶は、いい加減なことが多いが、この話は本当で彼女の父親はロシア料理店を経営し、日本ロシア料理店協会まで設立していた。博多で日本人経営の老舗ロシア料理店を見かけた際、その話をふと思い出した。入ってみようかとも思ったのだが、なにげなくスマートフォンで検索サイトにつなぎ、「博多　ロシア人　ロシア料理」と打ち込んでみた。すると該当する別のロシア料理店が出てきたのである。

天神の中心街から西に向かい、セレクトショップなどファッション関連の店が並ぶストリートを抜けると徐々に店が減っていき、人通りも少なくなる。大きなタイの国旗を飾ったタイ料理店の前を通り、次の角を曲がって……と前日に来た道をなぞるように歩くとロシア人夫妻がやっているロシア料理店の入ったビルに辿り着く。

ちょうど大柄のロシア人男性がロシアの民芸品「マトリオシカ」が描かれたキャスター付きの看板を押し、ビルから出てきたところだった。顔色が悪い。ロシア人の顔色は、みんなこんな感じだったような気もするが、体調は悪そうだ。気だるそうに看板の位置を決め、巻き付いた電源コードをほどいている。

「キョウ、シュジン　ビョウキデ　ネテイルンデス」

前日、この店を訪れた際、ロシア人女性が言ったことが頭を過る。彼が、その「主人」なのだろう。「入れますか？」と尋ねようと思ったが、体調が悪いことを知っているせいか「大丈夫ですか？」と言いそうになり、でも、そうすると昨日、来た話をしなくてはならなくなり……というより、この人は日本語が話せるのか……一瞬の間にいろいろ浮かぶうちに声をかけそびれた。とりあえず店まで行ってしまおうと軽く会釈だけして、彼の脇を通り、ビルの中に入る。

クローゼットのような小さなエレベーターに乗り、三階のボタンを押す。この狭い空間に大柄のロシア人男性と無言で乗ることを想像すると、声をかけなくて正解だったかもしれない。

扉が開くとエレベーター前の一畳程の狭い踊り場には、搬入されたばかりであろうビールケースが積まれ、店内との境目がわからない程、雑然としていた。店内の明かりは、ついていないが、薄暗いカウンター前に立ち、郵便物を確認していたロシア人女性が僕の姿に気づき、「ざーます」の語尾が似合いそうな眼鏡の奥に見える目を大きくした。

「キノウハ　スミマセンデシタ」

元祖外国人タレントのフランス人、フランソワーズ・モレシャンをロシア人にしたような上品な美しさと色気を兼ね備えた女性である。

前日、店に立ち寄った際、彼女しかいなかった。料理人である彼女の旦那様の具合が悪く、ロシアの漬物以外は出せないのだと申し訳なさそうに言った。明日、再度、出直すことを告げると彼女は嬉しそうな表情で僕の腕を摑んだ。

「ホントウデスカ？　オマチシテイマス」

スキンシップを好むロシア人っぽい仕草だった。そして、約束通り、やってきたのである。

カウンター席とテーブル席合わせて二十名程座ることができる店内は、どこに目線を持って行っていいかわからない程、ロシアの雑貨が飾られていた。眺めるのは後にして、とりあえずカウンター前のテーブル席に座り、ロシアのビールを注文する。

「ニシュルイ　アリマス」

彼女は店内の電気をつけた後、五百ミリリットル缶に入った同じ銘柄のビールを二本持ってきた。一本は日本のビールと変わらないアルコール度数約四パーセント、もう一本は八パーセントで、いかにもロシアという感じのアルコール度が高いビールである。食事の後、博多座へ芝居を観に行く予定を入れていたので、気分的にアルコール度の低いビールを選ぶ。

一階に看板を設置し終え、戻ってきた旦那様は、僕のテーブルの脇を通り、店の奥に設置された大きなテレビに向けてリモコンを操作し、ロシアのミュージックビデオを流し始めた。そして大きなため息をついてからカウンター内の決して広くない厨房に入った。体調の悪さが想像できるため息だった。ロシア人モレシャンにつつかれて、無理して出てきたのだろうか。料理を注文することが申し訳なく思えてくる。

ニシンの塩漬け、様々な具材が入った揚げパン「ピロシキ」、赤い野菜ビーツを使ったロシアの定番シチュー「ボルシチ」など、メニューには、お馴染みのロシア料理が並んでいた。最初に頼んだのは、子供の頃、おぼろげな酸っぱい記憶を持つ漬物の盛り合わせ。塩と酢から作られたマリネ液につけて発酵させたキャベツやニンジンは定番だが、それに添えられたトマトの漬物が絶品だった。

「フォークデ　ササナイデ、スプーンデ　タベテクダサイ」

ロシア人モレシャンが説明した通り、フォークで刺したら、崩れてしまうほど繊細な柔らかさでジューシーな漬物である。

日本人の女性親子二人組が入ってきて、僕とテレビの間のテーブル席に座った。二十代前半くらいの娘の口調には育ちの良さが感じられる。彼女は、黒パンジュース「クワス」を頼んだ。黒パンを発酵させたロシア名物の飲み物で、クワス以外にも白樺の樹液をジュースにした飲み物もあるとロシア人モレシャンは説明した。好奇心旺盛そうな娘は飲み物だけでなく料理の質問もどんどん投げかけていた。そして、ロシア人モレシャンの説明の合間に、グルジア産の赤ワインを頼んだ母親が時折、「あぁ、それは食べたことがあるわ」、「それも美味しいわよね」と口を挟む。次々と注文が入るのを聞きながら、人ごとながらカウンターの中の旦那様が心配になり、ついつい目が向いてしまう。

彼は無表情のまま手を動かしていた。僕の頼んだロシア風餃子「ペリメニ」を作っているのだろう。ロシアの元大統領エリツィンの面影を感じるせいか（というか大柄なロシア人というと彼しか思い浮かばない）、体調は悪そうだが、酒は強そうだ。ちなみにエリツィンの酒豪ぶりは有名で、来日した際、某ホテルのレストランにある酒を全て飲み尽くしたという噂話を聞いたことがある。

カウンターの上にはウォッカの瓶が二十種類以上、並んでいた。ちょうど、ビールを飲み終えたこともあり、一杯だけウォッカを飲もうと思った。しかし、これだけ種類があると選ぶのも難しい。メニューを再度、広げてみる。三十度から九十六度までアルコール度数は書かれているが、味の特徴は書かれていない。きっと聞けば、ロシア人モレシャンが説明してくれるのだろう。

メニューの中に「良いお父さん」と名付けられたアマレットリキュールとウィスキーを混ぜた飲み物に目が留まる。ウィスキーだけで飲んだら、悪いお父さんだけど、アマレットリキュールで割ったら良いお父さんになると想像したら、笑いがこみあげてきた。ブランデーとワインとウォッカと三種類の酒を混ぜた飲み物もある。日本でいえば「ちゃんぽん」と呼ぶが、ロシアでは「三人友達」と呼ぶ飲み物になるらしい。ウォッカはもちろんロシア産だが、ブランデーはアルメニア産、ワインはグルジア産なのだとロシア人モレシャンが説明してくれた。

「ロシアジン　ヨク　ノミマスヨ。デモ、ウォッカ　ダケ　デ　ノンダホウガ　オイシイデスケドネ」

最近、酒税が高くなり、ロシアでウォッカ離れが起きているという話も聞くが、相変わらず、他の国に比べればよく酒を飲む国らしい。二年ほど前のＷＨＯ（世界保健機関）の調べではロシアのアルコール消費量は一人あたり一年に十五リットル以上で、ＷＨＯが危険なレベルとしている年間八リットルの二倍にあたる。モルドバ、チェコ、ハンガリーに続いて世界で四番目にアルコール消費量の多い国だが、アルコール度数も考慮したら、ロシアが一位に躍り出そうな気もする。

結局、「三人友達」を頼んでみる。失敗した。とても友達とは思えなかった。「挨拶するくらいで、そんなに仲良くないだろ?」と悪態をつきたくなるような味で、単にウォッカが酸っぱくなっただけである。また一つロシア料理の酸っぱい記憶が増えた。ロシア人モレシャンの言うように、ウォッカだけで飲んだ方が美味しいのだろう。

三人友達は、ペリメニとも友達になれそうになかった。ロシア風水餃子というより、ロシア風ワンタンといった感じの料理は、スープに酸味のあるサワークリームがたっぷり入っている。酸味のあるサワークリームの後に酸っぱいウォッカを飲むと、酸っぱさが倍増される。おちょぼ口で、改めて店内に飾られた盛りだくさんのロシア雑貨を眺めた。窓際には、ロシア独特の湯沸かし器「サモワール」や人形の中に人形が入る「マトリオシカ」が並び、壁には黒地に金や赤で木の実や花の絵が描かれた「ホフロマ塗り」のスプーンやロシアの自然の厳しさを物語るような雪景色の風景画が何枚も飾られていた。

テーブル上に置かれた紙のランチョンマットも盛りだくさんの情報で埋め尽くされていた。挨拶程度のロシア語とひらがなで書かれた日本語訳、ロシアの地図、双頭の鷲で知られるロシアの国章、ロシア正教の教会など手描きのイラストがちりばめられている。

「シュジンガ　カキマシタ」

ランチョンマットを手にとって眺めているとキノコの壺焼きグリヴィを運んできたロシア人モレシャンが言った。小さな壺に入ったキノコ入りのクリームシチューがパンの蓋で覆われ、そのパンを崩し、シチューと一緒に食べる、これまたロシアの伝統的な料理だ。蓋になっているパンの少し固い食感が好きである。

「ハカタ　ニ　スンデイマスカ？」

女性親子が注文した料理が、ひととおりテーブルに出て落ち着いたこともあり、ロシア人モレシャンが話しかけてきた。岐阜から来たことを告げると彼女は位置関係を確かめた後、京都に十二年いたことがあると話してくれた。なんと彼女たちは加藤登紀子の父親にロシアで声をかけられ、彼が京都で経営していたロシア料理店で働くために来日したことが日本に住むきっかけだった。京都のロシア料理店に勤めた後、東京に数年住み、それから博多に移り、この店を始めたらしい。

「イソイデイマスカ？　キノウ　モウシワケナカッタノデ、コウチャダケ　サービスサセテクダサイ。スグ　イレマスカラ」

会計をお願いするとロシア人モレシャンは、悲しそうな目をした。そんな顔をされたら芝居に少し遅れようが構わないと思ってしまう。

ロシアの紅茶というとジャムを入れて飲むイメージがあるが、実は、その方法で飲む人は、ロシアではあまりいない。いたとしてもジャムをスプーンで味わって、その後に紅茶を飲む程度。ロシア人モレシャンが淹《い》れてくれた紅茶もジャムは添えられていなかった。ジャムにウォッカを垂らして、それを口に含んでから飲むなんて方法もある。

十五年程前、ウラジオストック近郊の森に迷い込んだ際、ウォッカを飲んでから炭酸ジュースを飲み、喉越しで酒を割るということを伐採職人から教わったことがある。切り倒した木の前に座って休憩していた二人組の中年男性は、斧を隣に置き、迷い込んだ僕のことをうさんくさそうに見ていた。ロシア人の友人から勧められた池の名前を書き留めたロシア語のメモを見せると、一人が池の方向を指し、一人は、おもむろに四分の一程度残っているウォッカの瓶を僕に差し出した。あの時の彼らもカウンターの中にいる店主と同じで無表情だった。表情が読めないので、どういうことなのか、わからなかったが、顎をしゃくるような仕草をしたので、「飲め」ということとなのだろうと解釈し、そのまま受け取り、蓋の開いている瓶に口をつけて呷った。生ぬるいウォッカは、余計にアルコールがきつく感じられた。

瓶を返すと次にペットボトルのジュースを渡された。両手で支えるようにして、こちらも、そのまま口をつけた。生ぬるい桃の炭酸ジュースだった。喉を通っていったウォッカの上を甘い炭酸が通り過ぎていく感覚は忘れられない。あの時のことを思い出しながら、少しだけ残っていた「三人友達」を飲み干し、それからロシアンティーを飲み干した。悪くない。初めて友達になれそうな組み合わせだった。

店を出る際、「ごちそうさまでした」と厨房に向かって会釈すると、無表情だったエリツィン店主は、にやりと笑った。ウラジオストックの伐採職人たちも、ペットボトルの飲み口を手で拭いて返す際、あんな感じでにやりと笑っていた。その「にやり」だけで、会話も交わしていないのに、わかり合えたような気がするから不思議である。

16 カンボジア人との国際結婚を妄想する（長野県松本市）

国際結婚している女性は、芯が強く、包容力があるイメージが僕にはある。言葉も文化も違う環境の人と結婚するのだから、我慢することも多いだろうし、ある程度、「まぁ、いいか」と流せなければ、一緒に人生など歩んでいけないだろう。

特に東南アジアの男性と結婚している日本人女性は、ぽっちゃりしていて極太の精神力と海のような包容力を持つカカア天下のイメージがある。

「うちの旦那はホント働かないのよ〜。困ったもんよね〜」

とガハガハ笑っていそうだ。

しかし、カウンターの中に立っている眼鏡をかけた細身の日本人女性は、そんなタイプではなかった。虚弱体質の繊細なアーティストといった感じである。とてもガハガハ笑いながら、旦那を叱咤激励する感じにも見えないし、ましてや一見《いちげん》の客に話しかけるようにも思えない。

「昼から飲むなんてあり得ない。ここは南国じゃなく松本ですけどね」と怒っているようにさえ感じられる。そもそも、まだ、彼女が奥様かどうかはわからないのだけれど。僕は、そんな彼女に二本目のカンボジアのビール「アンコール」を注文した。

松本駅から白馬方面に向かう大糸線に二駅乗っただけで無人駅になることにも驚いたが、その無人駅から五分程度歩いた場所にカンボジア料理店があることにも驚いた。松本でしか公演していない人気の芝居の情報を教えてくれた友人が、この店の存在も一緒に教えてくれたのだ。

赤と紺のマドラスチェックの半袖シャツを着たカンボジア人店主は、カウンターの奥で僕が頼んだ麺料理「クイティアウ」を作っていた。

ビールは相変わらず彼女が無表情で運んでくる。喉がかなり渇いていたからかもしれないが、カンボジアのビールがこんなに飲みやすくて美味しいとは思わなかった。プノンペン滞在中、同じ銘柄の生ビールを飲んだことはあるが、美味しかったというイメージがない。味よりも、生ビールが出される際、ジョッキの脇にストローが添えられていたことの方が記憶に残っている。人生の中でビールをストローで飲んだのは、未だにあの時だけだ。

昭和の古い家屋というよりは、高度経済成長の頃に建てられた、おやつにカステラが出てきそうな一軒家を改造した建物で、ソファ席や椅子席が入り混じった客席には僕以外に女性二人組の客がカレーを食べていた。カウンターの上に持ち帰り用のカレーセットが売られているところを見ると、カレーはこの店の名物の一つなのだろう。手描きの説明が書かれたポップによればカンボジア人店主の村で採れたハーブを使ったカレーのようだ。

「レモン　ヲ　シボッテ　シオ　ト　コショウ　イレテクダサイ」

豚肉と香草パクチー、そして細かく刻んだ焼きにんにくが載った「クイティアウ」をカンボジア人店主が運んできた。小柄で、かわいらしい顔の男性は、カウンター内に立つ日本人女性と同じように年齢不詳だが、しいて予想すれば夫婦とも三十代前半といったところだろうか。

「カライノガ　スキデシタラ　コレ　イレテクダサイ」

彼が指した小さな器には、沖縄の辛い調味料「グースー」のような、唐辛子の浮いた透明な液体が入っていた。まずは何も入れず、スプーンで一口すくって飲んでみる。スープは甘めで、ほのかにエビの風味を感じる。次に素麺のような細い麺をすすると、カンボジアの隣国ベトナムの麺料理「フォー」を連想させる。だからと言ってフォーほどあっさりはしていない。何も入れなくても十分美味しいが、せっかくなのでレモンを絞って酸味を加えてスープをすすり、次に塩とこしょうを入れて麺をすする。味に変化をつけながら食べることができるのは楽しいものである。

最後にカンボジア人店主が「辛い」と言っていた液体を加えてみる。ピリッとはするがそこまで辛くはない。元々、カンボジア料理には辛い料理のイメージはない。カンボジアに唐辛子が入ってきたのは東南アジアの国々の中ではかなり遅かったようで、そのために辛い料理が生まれなかったという説もある。

「ごちそうさまでした」

二人組の女性が立ち上がり、カウンター越しに支払いを済ませた。

「先日は、ありがとうございました」

カウンターの中で日本人女性が頭を下げ、カンボジア人店主も照れくさそうに軽く頭を下げる。常連客のようで、最近、カンボジア人店主の家族がカンボジアから来日した際、一緒の時間を過ごしたようだ。このやりとりからカウンター内の日本人女性はカンボジア人男性の奥様であることを確信した。

何度も頭を下げる奥様の笑顔にはどこか疲労感が見える。この疲労感が僕には不機嫌に映ったのかもしれない。彼女のTシャツにはタイのバイクタクシー「トゥクトゥク」のイラストが描かれている。きっと彼女は東南アジアが好きなのだろう。

喉が渇いているとアルコールの吸収もいいようで、いつもより火照り感を覚えるのが早い。二本目のビールが空になり、麺料理も食べ終わる頃、カンボジア風春巻きが運ばれてきた。

「コノタレ　ヲ　ツケテ　タベテクダサイ」

カンボジア人店主は人懐こそうな笑顔を浮かべる。日本に来てから五年。最初はアルバイトをしながら、休みの日にはイベントにワゴン車で出店して、カレーを売っていたそうだ。昨年、この物件が見つかったので、思い切ってカンボジア料理店をやってみることにしたのだと言いながら、磨き込まれた板張りの床を満足そうに見渡した。

靴を脱いで上がるせいか人の家に上がり込んだような温もりのある空間である。彼が語っている間、カウンターの向こうに決して好意的ではない奥様の視線を感じた。

「それ以上、詮索しないでください」と僕に向けた警戒心のような視線に感じられ、「調子にのってしゃべらないで」とカンボジア人店主に向けた非難を含んだ視線にも感じられる。どちらにせよ、それ以上は何も聞けなかった。

カンボジア風の春巻きというと「ナエム」と呼ばれるベトナム料理の生春巻きのような料理は現地で食べたが、この店は揚げ春巻きである。形も通常の長い棒状の春巻きとは違い、一口サイズの春巻きだった。

カンボジア人店主が「コノタレ」と言ったピーナッツが入った魚醤につけて食べる。春巻きというよりは、大根餅のような食感に近く、もちもちとしていてこれも美味しい。

「こんにちは〜。これうちで採れたんでよかったら食べてください。そういえば身体の調子が、あまりよくないって聞いたんですけど大丈夫ですか？」

大柄の中年男性が店内に入ってくるなり、カウンター越しに威勢のいい声をかけた。彼が持ち上げた白いビニール袋からは、とうもろこしが顔を出している。

「決して調子はよくないんですけど……。私のことより、Aさんこそ、入院なさっていたんですよね？　大丈夫なんですか？」

とうもろこしをカウンター越しに受け渡し、互いに身体をいたわり合っていた。

「まだ完全じゃないんですけど、ちょっとずつ動き始めています。本当は、もっと早く店に顔を出したかったんですけど、しばらく閉めていたでしょ？　いろいろ立て込んでいるかと思って……。また、今度、改めて食事に来ます。じゃあまた」

カウンターの端に置かれた卓上タイプのカレンダーは、定休日である月曜日の数字を赤丸で囲んである。しかし、先週までの二週間は全ての日が赤丸だ。つまり先週まで、この店はずっと休みだったのである。

奥様が病気で休んでいた可能性もあるが、二、三日ならともかく、二週間となれば、別のアルバイトを雇うか最悪、カンボジア人店主一人でも営業することはできそうである。それよりは女性客二人組と奥様が話していたカンボジア人店主の家族が来日していたことが休みの理由としては可能性が高そうだ。きっと客人をもてなすことで二週間、店を休んだのだろう。

ビールの次はカンボジア産のワインもひかれたが、アイスコーヒーもひかれる。首都プノンペンに滞在していた頃、ホテルのレストランで、甘いアイスコーヒーばかり飲んでいた。長い旅に出て一年が経った頃で、旅の好奇心が摩耗してしまい、ホテルから出なかったのである。

「アイスコーヒーは甘いですか？」

カウンター内にいたカンボジア人店主と目が合った際、質問すると、

「甘いです」

奥様から芯のある声が返ってきた。一瞬、背筋が伸びた。自分の生き方の甘さを言われているような気さえした。「じゃ、それをください」と奥様に注文すると、彼女は、すぐに準備にとりかかり、僕を見続けていた旦那様に、バナナの葉でくるんだチマキ「チェイク・ソンオーム」を注文した。

「これだ。これだ」

テーブルに置かれたアイスコーヒーを覗き込みながら、心の中でつぶやいた。コンデンスミルクがたっぷり沈殿していて、その上にアイスコーヒーが注がれている。長い柄のスプーンでよくかき混ぜてから飲むと、なつかしい甘さが喉を通っていく。

バナナの葉に焼き目が入っているチマキも旨い。芳ばしい葉の香りを感じた後に、ココナッツミルクで炊いたもち米のやさしい甘さが、口の中で広がっていく。

なつかしい甘さとやさしい甘さにほっとしながら、窓から見える積乱雲が浮かぶ夏

の空を眺めた。松本市は、夏の日中はかなり暑く、冬はかなり寒い。それを物語るかのように窓は二重サッシになっていた。

「えっ？　肉ないの？」

厨房で椅子に座っている奥様の声が聞こえ、自然にカウンターの方に目が向いた。夫婦の会話を盗み聞きするのは気がひけるが、一度、気になってしまうとなかなか意識をそらすことができない。カウンターの脇に貼られた店内で行われるライブの告知やカンボジアのツアー旅行の案内を読んではみるものの、耳はカウンター内で繰り広げられる会話を捕えていた。

「買って来なくちゃいけないよね」

感情的ではなく、淡々と言っているからこそ、余計にピリピリとした空気に感じられる。

「一緒にトイレットペーパーも買ってきて」

「イチバンヤスイノデ　イイヨネ？」

カンボジア人男性が機嫌を損ねないように気を使って話しているのがこちらにまで伝わってくる。

「きゅうりも今日、もらえるかどうかわからないから……」

どうやらきゅうりも足りないらしい。「もらえる」ということは近所の農家や家庭菜園で作っている家があるのだろうか。今の時期は、僕の住む岐阜の自宅でも、近所から食べきれない程もらえることがある。すぐに大きくなってしまうので、作っている人たちも配りまくるのだ。「もらえるかどうかわからない」と言うのは、恐らくそのことを言っているのだろう。結局、きゅうりも買ってくるように命じた。

「お金がいるわね」

普通に言っているだけなのだろうが、刺《とげ》を感じる。彼女は椅子から立ち上がり、大きなため息をついた。まるで金遣いの荒い夫のいる家計のやりくりをする奥様のように。そして僕の妄想が始まった。

海外に行った時は、招待した側が全額負担するという考え方を持つ外国人の話を聞いたことがある。つまり飛行機代から宿泊費、旅先で動く交通費から食費まで全ての費用を招いた側が負担するのだ。ひょっとして、カンボジア人店主は来日した家族にかかる経費を全て引き受けたのではなかろうか。

飛行機代だけでも大変なのに二週間も滞在していたとなれば、観光地もいろいろ周り、外食も多くなる。時にはホテルに泊まったかもしれない。その出費たるやかなりの金額に達するだろう。来日して一週間を過ぎたあたりから夫婦間の雲行きが怪しくなる。

「そんなに大盤振る舞いしなくてもいいんじゃないの？」

奥様はやんわりと注意をした。それでも旦那は気にすることなく、相変わらずの接待を続ける。十日を過ぎたあたりで奥様がついに爆発する。

「どこに、そんなにお金があるの！」

もちろん、夫の家族の前では、なんとか笑顔を保ち続けた。そして、最終日、空港まで送っていった後から険悪になる。

「こんなに使ってどうするの？」

「ナントカナルヨ」

「ならないから言っているんでしょ？」

そんな雰囲気が先週から続いているのではなかろうか。僕の妄想は止まらなかった。

17 韓国料理で刺身を食べる（大阪府大阪市生野区）

入口近くのテーブルでおじいちゃんが笑っていた。幸せそうな子供の笑顔もいいが、幸せそうな老人の笑顔もいいものである。彼は一人で美味しそうに生ビールのジョッキを傾けていた。彼の目の前のテーブルにはチラシなどの印刷物や鉛筆、薄汚れた湯呑が散乱しており、片付けられていない自宅の食卓のようだった。

「まだまだ暑いねー。ビール飲むんだったら奥へどうぞ」

この店の従業員のような口ぶりだなぁと思いつつ、軽く会釈をして恐る恐る店内に足を踏み入れる。彼以外に人の姿は見当たらない。ひょっとしたら口ぶりだけではなく、生ビールは飲んでいるけど老人は店の関係者なのかもしれない。

狭い間口からは想像できない程、店内は奥行きがあった。四十席以上はあるだろう。通路を挟んで、ボックス式のテーブル席と靴を脱いで上がる掘りごたつ式のテーブル席とに分かれている。店内を途中まで進み、振り返ると、老人はあいかわらず外を見たままジョッキを傾けていた。たとえ彼が店主であろうが席まで案内してくれるとは考えにくい。正面のつきあたりにあるカウンター越しの厨房に、ぽっちゃりした中年男性の姿が見え、彼も僕に気がついた。反射的に再び会釈をする。彼は驚いたような顔で何も言葉を発しなかったが、客が入ってきたことは伝わったはずである。厨房手前のボックス席に座り、ファミレスに置かれているようなカラフルなメニューを手にとる。韓国焼酎やマッコリ、漢方薬のような百歳酒など韓国の酒がたくさん並んでいるが、韓国ビールは置かれていない。厨房にいたぽっちゃり男がのっそりとした感じで注文を取りに来る。白い割烹着のような服から察すると料理人なのだろう。まだ早い時間なので客席係がいないのかもしれない。だとすると、いったい、あの老人は何者なのだろう。

とりあえず生ビールを頼み、ゆっくりメニューを眺める。韓国料理なので、もちろん焼肉はあるのだが、鍋も充実しており、カニ鍋や海鮮鍋、高麗ニンジンなどが入った滋養強壮の鍋として知られるサムゲタン、ランチョンミートやインスタントラーメンなど保存食を入れる大好きなブテチゲもある。ただ、二人前からと書かれているように鍋はひとりメシには量が多く、決して胃袋が大きくない僕には向いていない。メニューをめくっていくと刺身のページがあった。プサンや済州島など韓国南部では刺身もよく食べると聞く。

イカ、タコ、ヒラメがあり、アワビなどの高級なお造りもある。チャリフェという馴染みのないカタカナの文字が目に留まる。「フェ」というのは韓国語で刺身を意味したような気がするなぁと記憶を手繰《たぐ》り寄せつつ、生ビールを持ってきたぽっちゃり男に聞いてみた。

「ソウデス。スズメダイノ　サシミ　デス」

彼は無表情だが、決してぶっきらぼうではない。誠実な仕事をしそうな雰囲気を漂わせている。「じゃ、それください」と言うと、

「イマ　ナイデス」

無表情な顔が崩れ、申し訳なさそうな顔になった。少し下に書かれたカオリフェは何かを尋ねると更に表情が曇った。

「ニホンゴデ……」

眉間に皺を寄せ、首を傾げながら、天井を仰ぎ必死に思い出そうとしている。僕は、

ポケットからスマートフォンを取り出し、検索サイトに繋いで打ち込んでみた。「アカエイ」と出てきたので、そのまま伝える。しかし、彼は思い出した感じではなく、「へぇー」と初めて聞いたような表情だった。ともかく、それはあるということなので注文する。

メニューの表記は日本語の文字の方が大きく、その脇に韓国語が小さく添えられていた。韓国語だけの短冊のメニューが並び、焼肉の煙で天井は真っ黒、テーブルは油でぎとぎとの韓国料理店にしようと思っていたが、この辺りの韓国料理店は、どこも店構えがきれいだった。

東京の新大久保、名古屋の駅西地区、京都の東九条、大阪の鶴橋など……日本にはコリアンタウンと呼ばれる場所は多い。外国人登録者の数は中国人が一番多いが、永住者、つまり日本における永住資格を持つ外国人となると韓国人が圧倒的に多くなる。二年程前の総務省の統計によれば約四十五万人。長崎市や金沢市程度の街ができる規模である。永住者の中を更に細かく見ると、戦前から日本に住む「特別永住者」と呼ばれる韓国人の割合が高く、そのほとんどが京都、大阪、兵庫など関西に集中している。戦前は関東より関西の方が景気はよく、韓国から仕事を求めて、渡ってきた方が多かったようだ。そんな話を友人から聞いて大阪にやってきた。

そして鶴橋に向かった。圧倒的なパワーと強烈な臭いで、まさに日本の中の外国であることには違いないのだが、人酔いならぬパワー酔いしたのかぐったり疲れてしまった。一旦、街から離れ、歩き続けていたら東大阪市との境にあたる近鉄今里駅に辿り着いていた。駅前の商店街に韓国の雑貨店があり、おばさん同士の立ち話で韓国語も聞こえるが、鶴橋と比べると韓国色は薄くなっていた。商店街を端まで歩き、そのまま細い道に入っていくと、まるでドアを開けたかのように空気が変わった。

韓国ドラマ専門のレンタルショップ、チマチョゴリが飾られた美容室、開店前の韓国料理店などが現れる一方で、間口の狭い料亭のような建物も続々と現れる。「今里新地」の看板の文字にピンときた。「新地」と呼ばれる場所は遊郭のある場所も多く、間口の狭い料亭のような建物は風俗店なのだ。

頭にバンダナを巻き、その上からキャップ帽を斜めにかぶったヒップホップファッションの若者たちが韓国語でふざけ合っている声が聞こえ、料亭の看板の前に立つ呼び込みのおばさまからは、「こんにちはー。どうですかぁ?」と声をかけられる。コリアンタウンと遊郭の風情を残した日本の風俗店が共存している不思議な空間である。

そして、この韓国料理店が現れた。扉が開いていて店内の電気もついているようだったので、中を覗いた際、目に留まったのが、笑顔の老人だった。

ぽっちゃり男が注いでくれた生ビールをすすっていると入口から女性が発する韓国語が聞こえ、その後、スタスタと足音が近づいてきた。僕の座っていたボックス席を一旦、通り過ぎたが、人の気配に気付いたのか、振り返るように僕を見た。

「イラッシャイマセー。アツイデスネー」

肘から先と脛《すね》から先の肌を出した七分袖のシャツと七分丈のパンツ、上下緑色の服を着た中年女性だった。そういえばボックス席の椅子も緑だ。たまたまだろうけど。

彼女は僕のテーブルの上を確認した後、厨房にいる男性とカウンター越しに韓国語でやりとりを交わした。そして、キムチ、こんにゃくの煮付け、小魚など韓国料理でおなじみの副菜を持ってきてくれた。韓国料理店は、このサービスが嬉しい。どれも辛うまい。これだけでご飯が何杯も食べられそうで、酒のつまみとしても最高だ。

カオリフェもやってきた。料理が出てくるまでにスマートフォンで調べたところによると、別名ホンオフェと呼び、エイの刺身を発酵させた料理らしい。アンモニア臭がかなり強烈と書かれているが、机の上に置かれた料理からは何も臭ってこない。唐辛子をまぶした刺身といった感じでネット上にアップされていたホンオフェの写真とも違う。そういえば、注文した際、「カラクシマスカ？」とぽっちゃり男から聞かれ、何も気にせず、「はい」と答えてしまった。どうやらエイの刺身を唐辛子で和えたようだ。

刺身の柔らかい感触ととてつもなく辛い唐辛子の組み合わせが新鮮である……などと考察する余裕は最初の一口だけ。後は怒濤《どとう》のように辛さが責めてくる。いつしか「シーハァ」と呼吸し、汗も噴き出してきた。

「ダイジョウブデスカ？　カラクナイデスカ？」

みどりのおばさんは、舌を出し、手で仰ぐようにする僕を見ながら笑っていた。ビールを追加し、新しい生ビールが来るまでコップに注がれた冷たいお茶を飲み、それとは別に甘い干し柿茶も頼んだ。箸休めに副菜に逃げようにも、どの副菜にも唐辛子が使われており、逃げ場がなかった。でも辛うまいのだ。そして箸が止まらない。

「コノアタリニスンデイマスカ？」

入口で会った老人の流暢な日本語とは対照的に、みどりのおばさんは日本語が決してうまくなかった。親しげに、どんどん質問を投げかけてきて、話しやすいが、日本語が通じにくいので会話が続かない。このあたりに住む韓国人の生活の様子でも聞こうと逆に質問するが笑顔でごまかされてしまう。新地という複雑な事情があって答えを濁しているのかとも思ったが、そういった感じでもない。だとすると単に日本語がうまくないだけだろうか。日本語が流暢な老人の息子が韓国に留学し、そのまま現地で就職し、最近になって韓国生まれ韓国育ちの嫁と一緒に日本に戻り、後を継いだというのが僕の想像だった。きっと日本に来て間もないのだろう。

その推測も、日本に来てから二十一年になるという彼女の答えで、あっさり覆される。一瞬、嘘かとも思ったのだが、僕にそんな嘘をついたところで何の得もない。よほど韓国語で通じる社会で生活していたか、語学が苦手か……謎である。

「アソビニキマシタカ?」

どこから来たかの質問に岐阜と答えたが首をひねったので名古屋からと言い直すと、この質問をされた。その質問の後で少しにやりとしたように見えた。ひょっとしたら風俗店に遊びに来たついでに、この店に立ち寄ったと思われているのだろうか。鶴橋を散歩していたんだけど……と、この店に辿り着いた経緯を説明しようと思ったが、伝えることが難しい気がした。しかも、彼女は「アソビニキマシタカ」と言っただけで、風俗店に来ましたかとは聞いていないのだ。それでムキになって否定して説明する方が変である。結局、「はい」と答えた。

「ユックリシテイッテクダサイ」

みどりのおばさんは会話がひと段落する度に、そう言って入口の方に去っていく。ボックス席なので座った席から入口の様子は見えなかったが、雑務をこなしているような雑音が聞こえ、時折、電話もかけていた。当たり前だが韓国語は流暢だった。

缶のまま出てきた冷たい干し柿茶の甘さで、辛さが少し落ち着くと、また何か食べたくなった。お腹にたまる物がいい。焼肉とライスもいいがチヂミもいいなぁと思っていると「トッポギ」の文字が目に留まる。マカロニを大きくしたような細長い餅をコチュジャンや砂糖で甘辛く炒めたものである。初めてソウルに行った際、小腹が空くと、よく屋台へ食べに行っていた。

「ト」にアクセントを置いて「トッポギ　ください」と注文すると、みどりのおばさんは、「トッポギー」と「ギ」にアクセントを置いた発音で厨房に伝えた。

しばらくすると電子レンジが温め終えた時に発する「チーン」という音がした。嫌な予感がした。餅を電子レンジで温めたのか、餅にからめるスープ自体を温めたのか、それともその両方で既にできあいの物を温めただけか。予想通り、出てきたトッポギはまずかった。長い餅と一緒に大好きな茹で卵が入っているのは嬉しいが、インスタント独特の薬品のような臭いがこびりついていた。

「シュチョー　オオイ？」

再び、みどりのおばさんが現れ、声をかけてくれる。「社長」のアクセントでの「シュチョー」という言葉に、一瞬、戸惑い、「出張」という漢字に頭の中で変換されるまで、少し間が開いた。

「出張は多いです。でも、大阪は少ないです」

できるだけ、文章を細かく切り、簡単な日本語で答えた。

会計を済ませ、店を出る際、あの老人はいなかった。そのかわり彼がいたテーブルの上にはTシャツやタオルなど乾いた洗濯物が山積みで置かれていた。この店の家族用のテーブルらしい。入ってきた時、家庭の食卓の上の散乱具合に似ていると感じたのはそのせいだったのだ。あの老人はどこに行ったのだろう。いろいろな話を聞きながら、一緒に飲んでみたかった気もする。店を出ると、また鶴橋まで歩き始めた。

18 遊牧民の血が騒ぐモンゴル人店主（東京都新宿区歌舞伎町）

店主とモンゴル相撲ができるモンゴル料理店があると聞いた。以前、行った谷中のトルコ料理店が頭を過り、拒否反応は働いたが、場所が新宿の歌舞伎町ということに興味が湧いた。

東京に出てきたばかりの頃、映画監督の個人事務所で半年ほど働いていた。邦画に客が全く入らない時代だった。しかも単館系の映画監督だったので、なかなかマスコミにも取り上げてもらえず、僕の名刺には宣伝担当と華やかなことが書かれていたものの、前売券をコツコツ売り歩くことが主な仕事だった。歌舞伎町の一角にある昭和の時空間がそのまま残ったような飲み屋街「ゴールデン街」は、前売券を売り歩くためによく通った場所の一つだ。

小さな店を一軒ずつ回り、ポスターを貼らせてもらい、前売券の委託販売を交渉する。このエリアには映画関係者や演劇関係者、作家や新聞記者などが集まっていた。飲みながら映画の話題になって、その場で前売券が売れることが多々あったのと、興味を持ったマスコミの人が映画をどこかの媒体で紹介してくれるかもしれないという淡い期待もあって通っていた。「えっ？　あの人がここに？」と思うような有名人も見かけたが、これから一花咲かせようという人たちもたくさん集まっていて、そのまま誘われて飲むこともあった。みんなギラギラしていて、初対面から呼び捨てで呼ばれ、討論なのか喧嘩なのか判別のつかない言い争いが始まる空気が僕は苦手だったが、今となっては、いい思い出である。

明け方まで飲むこともあり、そんな時は、歌舞伎町の顔ともいえる、演歌歌手の興業で知られたコマ劇場まで、ぶらぶら歩き、目の前の広場で始発の電車が走り出すまで時間をつぶすか、広場から目と鼻の先のマクドナルドで朝食を買い、テーブルに突っ伏して眠った。

今ではコマ劇場はなくなり、マクドナルドはカラオケボックスに変わっている。歌舞伎町の怪しげな空気は相変わらずだが、昔より薄れている気もする。警察の二十四時間を追うようなテレビのドキュメンタリーにたいてい取り上げられる歌舞伎町交番の脇を通り、大久保の方へと歩いて行く。昔は、このあたりで、売春婦らしき外国人のお姉さんによく声をかけられたが一人も見かけない。時間も早いし、雨が降っているからだろうか。ホームレスの出入りが激しかった大久保公園はきれいに整備され、地元の消防団が雨に濡れながら訓練に励んでいた。

その脇に建つ古いビルの二階にモンゴル料理店はあった。以前はスナックだったということが想像できるドアは開いたまま。ゆっくり近づいて覗こうとすると逆に首元がだらりと伸びた白Tシャツを着た大柄な男性が店内から廊下を覗くように顔を出した。廊下に響いていた僕の雪駄の足音が急に消えたからだろう。

「どうぞー。そこで靴を脱いでください」

絨毯の上に「ここで靴を脱いでください」と直接、マジックで書かれた三十センチ四方の段ボールが敷かれていた。靴箱に入れ、他人の家にあがり込むように中に入っていくと遊牧民が使用する移動式住居「ゲル」の骨組みが張り巡らされた天井に圧倒される。ゲルの中で食事するかのような演出なのだ。入ってすぐのテーブルにはモンゴルの帽子が並べられ、その脇のハンガーラックにはきらびやかな民族衣装も並べられている。客はモンゴルの衣装に着替えて食べることができるらしい。

「どこに座りますか？」

壁際がベンチシートになっている店内を見渡す。三十席はあるだろうか。客は僕以外に一組のカップルだけ。テレビモニターに近い席を選んで座る。画面にはモンゴルの子供が馬に乗って草原を走る映像が流れていた。

「モンゴル相撲やりますか？　僕に勝ったら半額、負けたら二倍です」

大柄の男性は、そう言って笑った。モンゴル人独特の一重まぶたで、茶目っけたっぷりの顔はどこか元横綱の朝青龍に似ていた。四十代半ばといったところだろうか。彼が店主だった。

「いや……下見に来ただけなんで、次、みんなで来たときの楽しみにとっておきます」

咄嗟に嘘をついてしまった。そして、僕は、この嘘をついたことを後悔することになる。

「どれも量がたくさんだから、飲み放題食べ放題の三千八百円のセットメニューにしませんか？　そうすれば、お腹の具合に合わせて、いろいろ少しずつ出しますから」

「それで、お願いします」と答えると、彼は奥の厨房らしき部屋へ入っていった。どうやら料理も店主が作るようだ。

モンゴルビールは置かれておらず、日本の生ビールをお願いする。

「雨の中、ありがとうございます」

カウンターの中に立つ黄色のTシャツを着た細身の若者が生ビールをジョッキに注いで出してくれた。彼は日本人だった。

カップルの会話がかすかに聞こえてくる。日本語ではない。

「彼らは私と同じモンゴル人です。新婚さんです」

まるで僕が思っていたことを察知したかのように、モンゴル版ピロシキの「ホーショール」を出しながら店主は彼らを紹介してくれた。僕は彼らの方を向き、「おめでとうございます」と座ったまま会釈すると「アリガトウゴザイマス」と笑顔が返ってきた。新郎も一重まぶたのモンゴル人らしい顔立ちだが、ピンクのポロシャツの襟を立て日本のベンチャー企業の若手社長にいそうな雰囲気を漂わせていた。日本人といってもわからないような顔立ちの美しい奥様はモンゴルの伝統楽器「馬頭琴」奏者らしい。紹介し終えると店主は再び厨房に戻っていった。

初対面の紹介直後の会話が苦手である。何か話さなければと思えば思うほど、何も出てこない。沈黙の空気が流れ、僕は逃げるようにテレビの画面に救いを求めた。遊牧民がゲルで生活する様子を描いたドキュメンタリーが流れ続けていた。

羊肉とたまねぎの入った大きな揚げ餃子のような形の「ホーショール」を黙々と食べ、生ビールをすすっていると、日本人の店員からモンゴルに行ったことがあるかとカウンター越しに聞かれた。ウランバートル周辺は行ったことがあると告げると、

「いいですねー。僕、ここで働いているのにモンゴルへ行ったことがないんです」

そう言った後で、彼は店のことや自分自身のことについて語り始めた。この店は、以前は大久保にあり、その前は大塚にあったらしい。

「オーナーは遊牧民ですから」

弱々しく笑う彼は、ギラギラしているオーナーとは対照的に、どこか陰がある。このモンゴル料理店は博多が一号店で、現在、店主の日本人の奥様が切り盛りしているそうだ。彼は最初、店主と博多の店で出会った。当時、引き籠《こも》り気味だったが、周囲や店主の誘いで、思い切って博多から上京し、二号店で働き始め、今では、こうして人と会話ができるまでになったという。繊細な笑顔の裏には様々な物語があったようだ。

店主が骨付き羊肉「チャンサン・マハ」をテーブルの上に置く。塩以外の味付けはしていないシンプルなモンゴル料理で、見た目の迫力からしてかなりのボリュームがある。

「ウランバートルはプライベート？　どこに行ったの？」

店主は僕と店員の会話を聞いていたようで、僕とモンゴル人カップルが座るテーブル席の真ん中に椅子を持ってきて座りながら質問した。

十年ほど前、当時、発見されたばかりだと言われた遺跡まで日本語が堪能なモンゴル人の考古学者がガイド役となって車で旅をした。遺跡の街を支配していた王様は宇宙に消えたという伝説があるという話も聞いた。しかし、その王様の名前が思い出せない。今、思えば、僕は遺跡に興味があったわけではなく、草原の中を車で走りたかっただけなのだろう。

「ジョチのことかなぁ」

店主は壁に貼られたチンギス・ハーンの巨大な肖像画を見ながら言った。「ジョチ」とはチンギス・ハーンの長男のことで、モンゴル語でジョチは「客」という意味らしい。ジョチが母親のお腹にいた頃、チンギス・ハーンは遠方を征服している途中で、ほとんど家にいなかった。それにもかかわらず、妻のお腹に子供がいることを知り、それが本当に自分の子かどうか疑い、その疑いはジョチが生まれてから死ぬ寸前まで消えることはなかった。その後、チンギス・ハーンの子供は何人も生まれたが、長男のジョチにだけは他人行儀で愛情をかけなかったと言われている。そして、四つの地域を息子に統治させる際、ジョチには今のシベリア近辺の一番過酷な自然環境の場所を担当させた。それをきちんと勤め上げたジョチは、チンギス・ハーンより早く病で死ぬことになる。死の床でチンギス・ハーンはようやく言ったそうだ。

「お前は本当に俺の子だった」

そしてジョチは天に召された。結局、彼がチンギス・ハーンの子供だったかどうかはわからない。しかし、そういった様々な逸話が重なり、死後、宇宙に消えたという伝説もあるのだと店主は語った。

それにしても日本語が流暢だ。いつものように、日本に来て何年になるのかの質問を投げかけると二十年と返ってきた。最初は神奈川で生活し、その後、福岡へと渡り、日本人の妻を娶《めと》ったことで日本の国籍を取得し、子供も生まれた。その後、家族を残して一人上京し、二店舗目を開店させたのである。

彼の生まれはモンゴル共和国ではなく、内モンゴルだった。内モンゴルとは中国の北にある自治区。モンゴル共和国は日本の四倍程度の面積だが、内モンゴルは日本の三倍程度。しかしながら、モンゴル人の数は、モンゴル共和国より内モンゴルの方が多い。中国ではモンゴル共和国のことは外モンゴルと呼ぶ。当然、内モンゴルと外モンゴルで親戚関係の人たちも多いのだが、そういったモンゴル人でさえも行き来する際はビザが必要らしい。ただ、現在は場所によっては簡単なビザで行けるイミグレーションもあるのだとピンクポロシャツのモンゴル人男性が補足した。彼も日本語が堪能だった。

店主は外モンゴルで生活していた時期もあるが、中国語が使えないと中国の一般社会で働けないので大学は内モンゴルの学校を選んだそうだ。かなり優秀だったようで大学卒業後、しばらくは学校の先生をしていた。そんなエリートがなぜ、日本に来たのだろう。彼の話を聞いていると飲むことも食べることも忘れそうになる。

「中国に戻るつもりはありません。土も踏みたくないね」

最初に見せていた茶目っけのある笑顔ではなく、憎しみと悔しさを噛みしめたような表情だった。彼の世代で内モンゴルに住む人々は中国語だけでなくモンゴル語も話したが、その後、漢族がどんどん入り込み、漢族の文化に支配され、今の内モンゴルに住む若いモンゴル人の中にはモンゴル語が話せない人も出てきているらしい。それが悔しくてならないようだった

話題は「尖閣諸島は中国に返すべき」と発言したことで、世間を騒がせた日本の元首相にまで及んだ。

「あんなことを言うなんて、あの人は政治家としておかしいよ。日本にとって何のプラスにもならない。あんなことを公の場で言って罰せられない日本という国は、ときどき、よくわからなくなるよ」

その元首相が沖縄の基地返還に関しても混乱させ、アメリカとゴタゴタしている隙を狙って、中国が尖閣諸島に入り込んできたのだと彼の見解を興奮気味に話し、彼の中国に対する嫌悪感はどんどん露わになっていった。

「たいていのモンゴル人は中国が嫌いだと思うよ」

新婚夫妻も、うなずいていた。中国のパスポートを持ちたくないから日本に渡り、日本人に帰化する内モンゴルの人もいると言う。

僕自身は中国を旅した際、中国人から優しく接してもらい、いいイメージしかなく、

いつか中国全土を、時間をかけて回ってみたいという気持ちもある。しかし、僕はあくまで一過性の旅人であり、その中で暮らしてきた彼らの現実を知らないのだということを実感し、複雑な気持ちで聞いていた。

重い話が続くので、空気を変えたくなり、ミルク酒と書かれた馬乳酒を注文する。僕がモンゴルの草原で立ち寄ったゲルでいただいた、ぬるくて、酸っぱい馬乳酒とは、まったく違い、氷が入った爽やかなヨーグルトサワーのような馬乳酒だった。飲み物を変えたことをきっかけに食べ物の話になった。

「モンゴル人は豚肉を食べません。モンゴルでは、『食べる』『食べない』の前に豚という動物自体が嫌われています。『あいつは豚のような奴だ』と言ったら、その人のことが大嫌いという意味を表しますよ」

店主も子供の頃から豚肉は一切、食べなかった。しかし、内モンゴルで入った大学の宿舎には、漢族も多いので、食堂では豚肉料理がよく出たらしい。入学時に嘘をついてイスラム教徒だと申請しておけば、豚肉を食べずに別の食事が出されたようで、当時、その悪知恵が働かなかったことを悔いていた。

「あの頃は、ラム肉が食べたくて仕方がなかったですよ。あっ、もう少し食べられますか？　辛いの大丈夫？」

店主が立ち上がり、厨房に向かう際、モンゴル人の新婚夫妻は会計を済ませて帰っていった。

その後、客が入ってくる気配は全くなかった。平日は客が、まばらで、しかも雨だったりしたら、こんな感じらしい。ただ、土日はグループ客で入れないほど混むこともある。グループ客はたいてい入口にかかっているモンゴルの衣装に着替えて食べ、酔ってきたところで、モンゴル相撲をとり、最後にカラオケをして盛り上がるのだそうだ。平日の雨の日に来て正解だった。少なくとも僕は。

「この店は、もうすぐ閉めるんですよ」

煮込んだ羊肉と千切りのじゃがいもやもやしで和えた辛いサラダを出しながら、店主はあっけらかんと言った。正確にはこの店を引き継ぎたいというモンゴル人に手渡して、店主と青年店員と二人で二年ほどかけて世界一周の旅に出るそうだ。既にメキシコスタートで日程も決め、夏を追いかけるようにして世界を回っていく。彼は言語を学ぶことが好きなようで、メキシコを最初に選んだのもスペイン語を学びたいからだった。驚いたのは、これだけ流暢に話す日本語は全て独学だった。

奥様は連れていかないのかと聞くと、

「中学生の子供がいるからねぇ。家内というくらいで、家の内（中）を守ることが好きみたい。でも、奥さんが日本人でよかったよ。モンゴル人だったら、こんな夫婦生活は無理だね」

彼は世界一周から戻ってきたら、日本で旅人向けのバーをやる計画まで立てていた。

「僕らが出発する前に友達連れて、モンゴル相撲やりに来なくちゃダメだよ」

今さら嘘だとも言えず、釣銭を受け取りながら、「もちろんです」と答えてしまった。どうしてあんな嘘をついてしまったのだろう。

外に出ると雨が激しくなっていた。再び来た道を戻って新宿駅に向かう。ホストらしき男性が傘をさしながら、客になりそうな女性を物色していた。夜の匂いはするが、ギラギラしていない。雨宿りしながら、スペイン語をまくしたてる外国人女性二人組の方が、よほどギラギラしていた。二カ月後には、店主と青年店員は中南米あたりでスペイン語を学んでいるのだろう。ということは、二カ月以内に僕はモンゴル相撲を経験することになるんだなぁ。

19 ドミニカ共和国料理をなんとか食べたけど（北海道札幌市北区）

宗谷岬からロシアのサハリンまで四十三キロ。以前、北海道を旅した際、稚内市や根室市でロシア語表記の看板を見かけた記憶もある。だから、北海道はロシア人が、「たくさん」住んでいて、ロシア人店主のいるロシア料理店も多いと思っていた。しかし、インターネットで調べてもなかなか見つからない。北海道在住もしくは北海道に詳しい友人にも何名か連絡してみたが、ロシア人女性が隣に座って飲むパブは知っていても、ロシア人がやっているロシア料理店は誰も知らなかった。ロシア人は、意外に北海道に住んでいないのかもしれないなぁと、法務省が公開している北海道内の在留外国人数を調べてみた。

在日ロシア人の数は東京、神奈川に続いて、三番目に多い約五百名。どのくらいを「たくさん」と思っていたのかと聞かれると困るが、僕の思っていた「たくさん」には満たないと思う。

次第に北海道にも様々な国の人が住んでいるものだなぁと、レバノン、ルクセンブルク、コンゴ共和国、トンガなど、「1」という数字の国々に目が移っていく。つまり、何らかの理由で北海道に住んでいる唯一のレバノン人、ルクセンブルク人、コンゴ人、トンガ人が存在するということだ。

その一名グループの中に中南米のカリブ海に浮かぶドミニカ共和国も入っていた。九州より一回りくらい大きく、野球が盛んな国で、年間を通して暖かく、僕が訪れた際も、ほとんどTシャツで過ごしていた記憶がある。そんな国の人が北海道に住むというのはどんな感覚なのだろうと妄想は広がっていく。

その時、一通のメールが入ってきた。

「ロシア人のやっている店は知らないけど、北大（北海道大学）の近くに、ドミニカ人のやっている料理店があるらしいよ」

以心伝心。すぐにインターネットで店を調べ、電話を入れた。不景気で閉店していないか、もしくは、母国に帰っていて長期休暇していないかの確認のためである。

電話に出た北海道に唯一住んでいると思われるドミニカ人の男性は、外国人特有の日本語の発音で、休みは日曜日、次の月も休みは変わらないと答えた。

しかし、一カ月後、札幌を訪れた際、その店に立ち寄ったが開いていなかった。

「ただいま、電話に出ることができません」

電話をかけると三、四回呼び出し音が鳴った後、別の場所へ転送される音に変わり、日本語の機械的なアナウンスが流れた。

確かに電話で休日は日曜日だけだと言っていたはず。スマートフォンに表示された曜日は金曜日。日付変更線を越えたドミニカ共和国だって木曜日だ。

真ん中部分は磨《す》りガラスのようになっていて中の様子は見えないが、下の方の四分の一は透明のガラスになっている。塩化ビニル樹脂の床には本棚からこぼれ落ちたような漫画雑誌やショップカードが散らばっている様子が見えた。とても飲食店の床とは思えない乱雑さだが、見方を変えれば、細かいことは気にしないんだよといったラテンの雰囲気とも言える。

磨りガラスの部分にはセットメニューが写真入りで貼られ、どの料理にもドミニカで、よく食べた揚げバナナが入っていた。写真から察するとこの店の揚げバナナはバナナチップのような感じだが、僕が、滞在中によく食べていたのは、小さいバナナを丸ごと揚げたような料理だった。サツマイモの天ぷらに似ていて、バナナはデザートかおやつとしか思っていなかった僕にとって忘れられない食感である。

どちらにしろ店が開いていないのでは仕方がない。目と鼻の先にあるネパール人店主のカレー屋で、野菜カレーとナンの定食にネパール風餃子「モモ」を食べた。

その晩、宿泊先の小樽のホテルでウィスキーをすすりながら、急病、帰省、夜逃げなど店が開いていなかった理由を何度となく想像した。

翌日、開店時間の十一時に到着するように札幌へ戻り、祈るように電話をかけた。

「モシモシ」

呼び出し音二回目で声が聞こえた。

「今日、やっていますか?」

自然に声が大きくなる。

「ヤッテマスヨ」

店主はケセラセラといった感じの声である。そらそうだ。前日、僕がどれだけ心配したかなんて彼は知らないのだから。

「すぐに行きます」

電話を切り、地下鉄の駅に向かった。しかし、JR札幌駅から地下鉄さっぽろ駅までは、歩くとかなり距離がある。電車の待ち時間も考えたら歩いた方が早そうだ。コインロッカーに荷物を預け、札幌駅の北口を出た。大都市の駅前にしては決して広くない道を北に向かって歩いていく。札幌の街は京都の街に似ていて碁盤目になっており、十字路の度に「北11西3」など規則正しい数字で表記されているのでわかりやすい。「北12」「北13」……自然に早歩きになっていた。

地下鉄二駅程度歩き、「北16西4」の地区に辿り着く。三階建ての灰色のビルの前の歩道にドミニカ料理店の看板が出ていた。きれいな日本語の文字で「豚の煮込みと黒豆ご飯セット」と書かれた紙が貼られている。ドアを開けると茶色のTシャツに黒のバミューダパンツ、褐色肌の小柄なドミニカ人は、床に散乱していた漫画雑誌を本棚に戻しているところだった。

「ドウゾドウゾ」

店に入ることができた安堵《あんど》感で呆然《ぼうぜん》と立ち尽くしていると、店主は、僕がどの席に座ろうか迷っていると思ったようで、人懐っこい笑顔で窓際の席を案内してくれた。

「ビールください？　あればドミニカのビールを」

席に着きながら聞くと、衝撃的な答えが返ってきた。

「ノミモノ　ナニモ　アリマセン。ショクジ　ノ　アト　コーヒー　ハ　ダシマス」

思わず、「おっと」と声が出てしまった。しかし、食べ物にありつければいいではないか。前日に憶えるほど眺めていた外のガラスに貼られたメニューを思い浮かべる。

「どのセットメニューにも揚げバナナがつくんですよね？」

すると再び衝撃的な答えが返ってきた。

「バナナ　イマ　アリマセン。ソノカワリ　フライドポテト　デス」

この店まで歩きながら描いていた揚げバナナをつまみにドミニカ人の好きな凍る寸前まで冷やしたビールを飲む妄想はあっけなく崩れ去った。

「じゃあ、サンコーチョーで」

酸味の効いたドミニカ料理のスープを頼んだところでダメ押しの衝撃を食らう。

「サンコーチョー　イマ　ツクレナイネ」

思わずちゃぶ台をひっくり返しそうになる……というのは冗談だが、「何が食べられますか？」とすがるように聞いた。表の看板に貼られていた豚の煮込みと黒豆ご飯セットしか作れないそうだ。もちろん、それにする。というかそれ以外にしようがない。店主は、特に気にする素振りもなく、それが当然のように淡々と答えていた。少しくらい申し訳なさそうに言ってもいいのに……と思ってしまうのは前日の鬱積からくるものだろう。

通常であればレジがありそうな入口近くの台に置かれたパソコンから、カリブ海に似合いそうな明るい声で話すディスクジョッキーのスペイン語が流れている。前日、店内から、かすかに外に漏れていた音は、つけっぱなしになっていたネットラジオのようだ。

店主はコップに注いだぬるい水をテーブルに置くと薄暗いカウンターの中で調理を始めた。彼が作業する奥に厨房らしき部屋もあるようだが、使っている雰囲気は感じられない。

ガラス窓の外に自転車が二台続けて停まる気配を感じた。意外に人気店なのかもしれない。とすればランチタイムに入ってしまうと店主と会話ができなくなりそうだ。

調理中なので気はひけたが、日本に来て何年になるのかと、なぜ北海道で店を開いたのかを続けて聞いた。

店ができて四年で、日本に来てからは十五年になるそうだ。

「オクサンガ　ホッカイドウジン　ダカラ」

日本人ではなく、北海道人と冗談っぽく言いながら笑った。年間の平均気温が三十度近いドミニカ共和国の人からすれば北海道は寒くないのだろうか。

「サムイヨ〜、サムイヨ〜、サムイヨ〜、イラッシャイマセ〜」

「寒いよ」を連呼する様に少しだけラテンの空気を感じた。

黄色のパンツを穿《は》いた活発そうな女性とジーンズにコットンの白シャツを着た清楚な女性が店内に入ってきた。どちらも大学生のようだ。北海道大学の演劇サークルの公演ポスターや「学生さんは五十円引き」と墨文字で書かれた貼紙から、徒歩圏内の北海道大学の学生客の多さが想像できる。

二人の女性は友達同士ではなく、たまたま同時に入ってきたひとりメシ客だった。この店はひとりメシ客が多そうだ。というのもひとりメシ用のテーブル席というものがあった。僕が座った席は二人席だったが、彼女たちが座ったテーブル席は、どちらも一つの小さなテーブルに一つの椅子しか置かれていない。カウンターではなく、テーブルのひとりメシ席がある店というのは珍しい。

どこか不思議な店である。スペイン語のコメントが書き込まれたドミニカ国旗はともかく、壁に飾られた品々が、ドミニカ共和国をイメージさせてくれないのだ。カリブ海をイメージした青々とした海ではなく、川が流れているのどかな田舎の風景画が飾られ、民芸品であろう木彫りの人形は、マホガニーで高価なのだろうが、あまりにも小さく、天井近くで斜めを向いて飾られているせいか、イモリが壁を這っているように見える。店内の空気がドミニカ人の店主と馴染んでおらず、「AKIRA」「MASTERキートン」など決して新しいとは言えない漫画が並べられた細長い本棚や簡素な木製椅子からは、たまたま閉店した喫茶店をそのまま利用しているという感じがするのだ。

しかし、人気店ではあるようで、中年の女性二人組、大学生らしきカップルと次々と客が入ってくる。まだ十一時三十分だというのに、あっという間に十名近くの客を一人でさばかなくてはいけない状況になってしまった。

「バナナ　スコシダケ　アリマシタ」

僕の前に置かれたプレートには三切れほどの揚げバナナが添えられていた。磨りガラスに貼られていた写真で見た通り、揚げバナナというよりはバナナチップに近い。カリッとしていて香ばしい甘さを嚙みしめる。豆と一緒に炊いたご飯「モロ」も柔らかくふわっとしていて、おかずなしで、これだけでも食べられてしまいそうだ。蒸した豚肉の入ったソースをかけて食べると更においしくなる。

外のガラスに立てかけられた看板の裏側には以前のメニュー表が書かれたままになっていて、ガラス越しに読むことができた。ビールはメキシコビールと日本のビールが選べ、ワインやドミニカ産のラムもあり、料理も、青いバナナを香辛料で味付けしたドミニカ料理「モフェンゴ」や魚介類のマリネのようなペルー料理「セヴッチェ」など単品料理も豊富にあったようだ。このメニューの頃に来てみたかった。

当たり前だが、店内では全員が同じ物を注文し、同じ料理を食べていた。黄色のパンツの女子学生は、友達から呼び出しの電話がかかってきたようで、ものすごい勢いでモロをかき込み、食後のコーヒーを飲まないで席を立った。

ドミニカ人店主は全員の料理を作りつつ、手を布巾で素早く拭いて客席係もこなし、会計もこなすのである。手提げの小さな金庫がレジ代わりだった。

「今度、ドミニカの話を聞かせてください」

彼女がそう言って千円札を出すと、「ハイハイ」と言って、あしらうように釣銭を渡す。「今はそれどころじゃないんだよ」といった感じにも見えるし、いつも学生からそう言われて、あしらうことに慣れているようにも見えた。

彼女のテーブルの上の皿を片づけると、カウンター内のシンクタンクの中に豪快に皿を放り込む。割れたのではないかと思うような音が店内に響き渡るが、彼は全く気にすることもなく、再び料理を作ることに集中する。

入れ替わるように眼鏡をかけた男子学生が入ってきて、先程の女性が座っていたひとりメシ席に座った。もちろん彼も同じ料理を注文する。学生は慣れたように漫画の文庫本が並んだ本棚に向かい、『バガボンド』を持って席に戻り、食い入るように読みふけっていた。

「コーヒー。アッ、サラ……」

店主は僕の皿を下げる代わりにコーヒーカップをテーブルに置くと、再びカウンターに戻り、ソーサーだけを別に置いていった。コーヒーカップとソーサーをテーブルの上に別々に並べて置かれたのは人生で初めてだ。

まずいコーヒーだった。前日に淹れたコーヒーを再度、沸かし、煮詰めたような味である。それでも気持ちは晴れやかだった。とりあえず北海道に唯一、住んでいるドミニカ人に会えたのだ。札幌にまで来て、もう一度、行きたい店かと言われたら首をひねるが、近所にあったら、たまに立ち寄るような気もする、そんな店だった。

「昨日、やっていると思って来たんですよ」

会計の際、喉元まで出かかったが、先程の女子大生に見せたうんざりしたような顔が頭を過り、「美味しかったです」とだけ言って店を出た。そろそろ千歳空港に向かう時間だ。

20 吹雪の中のブラジル料理（群馬県邑楽郡大泉町）

「大泉町へようこそ　ブラジルを楽しもう」

改札を出ると駅構内に掲げられた横断幕の文字が目に留まる。文字の周囲には裸に近いブラジル人女性の写真が添えられ、灼熱のサンバを連想させるが、外は吹雪だ。東京では十三年ぶりの大雪警報が発表され、関東一帯の鉄道運行に支障が出ている。

東武鉄道小泉線の終着駅「西小泉」。駅前の小さなロータリーに路線バスが一台だけ停まり、個人商店らしき衣料品店と食料雑貨店がぽつりぽつりと建ち、雪で覆われているとはいえ地方の単線の終着駅らしい緩やかな時間の流れが伝わってくる。ただ、歩き始めると他の町とは明らかに違う部分に気付く。缶ジュースの自動販売機の隣に国際電話専用のテレホンカードの自動販売機が置かれ、ショーウィンドウには日本人女性が選びそうにないツバメの尾のような裾のデザインのスカートが飾られ、八百屋の店先の野菜に添えられたポップはポルトガル語が表記されている。

一九九〇年の出入国規制法の改正後、ブラジル、ペルーの日系人が国内で自由に働くことができるようになり、自動車や冷凍食品など様々な分野の工場がある大泉町は、外国人を積極的に受け入れたのである。

いつしか「日本のブラジル」と呼ばれるようになり、日本で初めてブラジル人向けのショッピングセンターができた。もちろんというべきか日本初のブラジル料理店も、この町にあり、グルメ漫画を原作にしたテレビドラマで紹介された。ドラマの主人公もひとりメシで、豆を煮込んだスープをご飯にかけるブラジルの国民食「フェジョアーダ」を美味しそうにほおばっていた。

雪も風もどんどん強くなる。半年ほど前、この町が夏だった頃、ブラジルで三十年ぶりの雪が降り、ブラジル人がはしゃいでいるニュースを観たが、ここまでは積もっていなかったと思う。駅周辺を散策し、テレビドラマで紹介された店とは別のブラジル料理店に到着した時には、傘をさしていたにもかかわらず、コートも鞄も雪で覆われていた。

鉄串に肉の塊を刺して焼いた料理「シュラスコ」で知られる料理店は、百名近く入れそうで、中二階の客席スペースもある。広々としているからか、天井が高いからか、それとも客が僕一人だけだからか、店内は期待していた眼鏡が曇りそうな暖かさではなく、倉庫に入った時のように寒く感じ、コートを羽織ったまま席についた。

　案内してくれたのは日本人の男性店員だった。店のユニフォームらしき白い牛のシルエットが描かれた黒いポロシャツはカッコいいが寒そうだ。

　メニューはブラジル料理のビュッフェタイプのコースと、そのビュッフェにシュラスコをつけるコースの二種類のみ。シュラスコのコースを選び、ブラジルのビールを一緒に注文する。

　シュラスコのコース料理は、わんこそばならぬわんこ肉状態で次々と皿に肉が盛られていく。テーブルの上には、「もっと、ください」の英語とポルトガル語が書かれた緑色のコースターのような札が置かれ、お腹がいっぱいになったら裏返す。裏側は赤色で、「もう、いりません」の英語とポルトガル語が書かれている。ブラジルのシュラスコ専門店でも同じシステムの店が多いらしい。

　ブラジルに行ったことはないが、ブラジルの南に位置するウルグアイとアルゼンチンは、肉の印象を強く感じた国だった。ブラジルも国民一人あたりの肉を食べる消費量は、ウルグアイ、アルゼンチンに続いて世界三位なので、肉のイメージがある。しかし、ほぼ白人だけで構成されるウルグアイやアルゼンチンと違い、ブラジルはムラート（ヨーロッパ系白人とアフリカ系黒人の混血）も多い多民族国家なので、料理の種類も豊富なのだそうだ。ブラジル料理の代名詞のように思っていたシュラスコも、国民食というよりは、ブラジル南部で盛んな料理らしい。ブラジルの経済や文化の中心である大都市サンパウロでは、近年の世界的な日本食ブームで、シュラスコ専門店より寿司屋の方が多くなっているという話も聞く。

店内の中央に設置されたビュッフェコーナーには、クレープのような生地で挽き肉を挟み込んだ「パイケッカ」や牛肉の尻尾を煮込んだ「ハバーダ」など様々なブラジル料理が並び、もちろんフェジョアーダもある。ただ、あまり食べると肉が食べられなくなりそうなので大皿に少しずつ盛りつけて席に戻り、ビールをすすりながらつまみ始める。

店内には、ボサノヴァ調のブラジル音楽が流れているが、僕が座った席の斜め後ろの部屋から、ディスクジョッキーがポルトガル語で話すラジオ番組も聞こえてくる。厨房のようなのだが、僕の座った席の前にも厨房が見える。となると、この店には厨房が二つあるということになる。

　後ろの厨房から丸刈りのブラジル人が現れ、僕のテーブル脇に立った。日本人店員と同じポロシャツに海賊映画に出てきそうな太もも部分だけが広い黒パンツ、左手には肉が刺さった鉄串を持ち、右手には串から垂れる脂を受けるシルバーの円形皿と「決闘」という単語が似合いそうな刃の長いシュラスコ用ナイフを持っている。

「シツレイシマス。▼＊◎￥」

　風貌に似合わず、少し高い声である。シツレイシマスの後が、よく聞き取れなかった。「えっ？　何ですか？」と再度、聞くと、彼は「ん？」と言って動きが止まり、僕の目を見た。怖い。決してにらみつけたわけではないのだが、串を持つ左手は肉の脂で光り、右手にナイフ、しかも南米のサル顔は迫力がある。同じサル顔の僕に言われたくはないだろうけど。

「何ですか？」

「ハツ　デス」

　牛の心臓だった。外国人が肉の部位を日本語で言うことに僕の頭が慣れていなかったのだ。

テーブルに円形皿を置き、その中心の穴に鉄串を刺して安定させ、ナイフを入れていく。削がれ剝がれていく肉を、僕がトングでつかみ、白い皿の上に載せる。

彼の挑戦的とも、ふてくされ気味ともとれる険しい目からは、「後ろの部屋で牛の胸に手を突っ込んで、心臓を引き出して焼いてきたぜ」と言っても信じそうな凄みを感じる。ともかく後ろの部屋はシュラスコ専用の厨房であることがわかった。

前の厨房ではキャップ帽をかぶり、手にはビニールの手袋をはめた優しそうな小柄のブラジル人男性が見える。あちらでは、ビュッフェ料理を作っているようだ。彼にはシュラスコ用ナイフは似合わないだろう。ブラジル人店員の中でも役割分担がなされているのかもしれない。

快活そうな日本人の女性店員がビールのおかわりを持ってきてくれた際、いくつか質問をしてみる。この店はブラジル人が多く働くが、オーナーは日本人で、開店から十五年程経つそうだ。客層は日本人もブラジル人も半々くらいだが、予測できない客の流れのようなものがあり、日本人だけになってしまうこともあれば、逆にブラジル人だけになってしまうこともあるらしい。

「この町の住民の十人に一人はブラジル人ですから」

彼女は最後にそう付け加えた。しかし、僕は、その数字を信じていなかった。

実は、この旅の最後の食事は僕が現在、住んでいる田舎町の隣町にあたる岐阜県大垣市で終えるつもりだった。大垣市もブラジル人が多く住む地域として知られ、ブラジル専門の食料雑貨店とブラジル料理店が一緒になった店があったのだ。しかし、先日、訪れると食料雑貨店は営業していたが、ブラジル料理店は閉店していた。聞くところによると、大垣市は四千人近く住んでいたブラジル人が、製造業の長引く不況で半分の二千人にまで減ってしまったらしい。それは大垣市だけではなく、全国的に言えることで、一時期、日本に三十万人程住んでいたブラジル人は、今では二十万人を切っているとも聞く。

そんなこともあり、当然、大泉町のブラジル人も減っているに違いないと思っていた。ブラジル料理店も、やっているかどうか不安で、インターネットで連絡先を調べ、電話で店があるかどうかまで確認した程である。店に来る前に立ち寄った日本初のブラジル人向けショッピングセンター内も、雪の影響もあるのだろうが活気は全く感じられず、空いているテナントも目立っていた。日本人形や着物を着たハローキティの人形、刀のおもちゃや招き猫、トースターや炊飯器など母国に帰る際のお土産で選びそうな品揃えを眺めながら、この町もブラジル人は確実に減っているのだろうと決め付けていたのである。

しかし、それは間違っていた。ビールをすすりながら、スマートフォンで大泉町の役場が発表している統計を見ると、この町は、この一年で、ブラジル人の割合はわからないが、少なくとも外国人は二百名近く増えていたのだ。

この天候には少々、寒そうなパーカーを羽織ったブラジル人と温かそうなダウンジャケットを羽織った日本人の若者二人組が入ってきて、僕の隣のテーブルに案内された。

日本人の男性店員がポルトガル語を一言、二言口にする。二人ともそれに対してうなずいた。眼鏡をかけた小太りのダウンジャケットを羽織った男性は、日系ブラジル人だった。二人ともシュラスコのシステムに慣れているようで、すぐに立ち上がってビュッフェに向かった。

サル顔ブラジル人が僕のテーブルで牛のお尻に近い「イチボ」を切り分ける際、隣のテーブルにも切り分けた。どうやら肉を出す順番は決まっていないようだ。日本語のフレーズが身体に染みついているのか、母国が同じブラジル人客に対しても「シッレイシマス」と日本語でつぶやきながら、肉を切っていく。

豚のソーセージ、フィレ、豚バラ……次々に皿に盛られる肉はビールには、よく合うが、塩の味付けのみの肉は飽きてくる。細かく刻んだトマトやたまねぎをビネガーで和えた「ビナグレッチ」と呼ばれるソースをかけて味を変えるが、それでも肉だけを延々、食べ続けるのは辛く、舌も胃袋も限界が近づいていた。しかし、十一種類用意してあると言っていた肉は制覇したい。飲み物を変えて、もうひと踏ん張りしようとサトウキビが原材料の蒸留酒「ピンガ」を注文する。

植物をイメージさせる独特の香りは、ラム酒に似ている。ラム酒もサトウキビからできている酒だが、以前、「ピンガ」は「ラム」と同じ酒だと言って、日系ブラジル人の男性から違うと注意されたことがある。酵母や製法が微妙に違うらしい。

脂肪分の少ないサーロインを口に放り込み、ようやく十一種類の肉を制覇し、素早く、札を赤色にし、「もういりません」というサインを出す。にもかかわらず、サル顔ブラジル人が再び僕の脇に現れる。

「いやいや、もういらないです」

そう言って、見上げると鉄の串に黄色の塊が刺さっていた。相変わらず迫力のある目でつぶやいた。

「ヤキパイナップルデス」

デザートだった。酢豚のパイナップルは苦手だが、焼きパイナップルは旨い。シナモンパウダーがよく合い、あれだけお腹が膨れていたにもかかわらず、別腹のようにするすると入っていく。

隣のブラジル人二人組は、パイナップルまでの道のりは、まだまだ遠いようで、会話を楽しむこともなく黙々と食べ続けていた。肉だけではなく、ビュッフェにも何度も足を運び、フェジョアーダなど炭水化物もどっさり運んでくる。九十分という制限時間が設けられていることが、わかるような食べっぷりだ。

会計を済ませ、店を出ると雪は相変わらず降り続き、足首が埋まるほど積もっていた。誰かが雪の上を歩いた足跡を辿りながら、デザートブーツに雪が入り込まないように注意深く歩き、駅まで戻る。

知らない国の料理を食べるということは、人の足跡を辿ることに似ていると思うことがある。動物の心臓やフルーツを焼く、蚕や竹蟲を揚げる、蜂蜜や刺身を発酵させる……世界の誰かが最初に手を加え、口に入れ、足跡として後世に残していく。そうした世界中の足跡を日本で味わうことができるというのは、幸せなことである。この旅は、一旦、これで終了するが、今後も、日本のどこかで未知の国の料理を食べることのできる店を見かけたら、世界の足跡を求めて扉を開けると思う。

ポルトガル語らしき甲高い雄叫《おたけ》びが聞こえた。雪合戦を楽しむ子供たちのようだ。言葉は全くわからないが、雪に興奮していることくらいはわかる。さてさて、電車は動いているのだろうか。

おわりに

様々な国の食文化を知るには、現地に行って、その土地の空気や人に触れながら、料理を味わうことが理想です。とはいえ、時間もお金もかかるわけで。

土地の空気までは難しいですが、それに近い擬似体験ができるのが、外国人の店主や店員のいる外国料理店です。今回、世界の味覚はもちろんですが、彼らの仕草や会話から、外国人の考え方や日本に対する見方など様々なことを教わりました。

彼らのほとんどが日本語を流暢に話すことに驚かされ、勉強熱心な姿勢に頭が下がり、そんな彼らのおかげで、日本語しかできない僕が楽しい体験をさせていただくことができたのだと思います。

店の情報やあやふやな記憶を確認するにあたり、インターネットは、僕にとって欠かせない道具の一つで、今回の旅でも多用し、僕の人生と同じで、他人に甘えることも多く、今井浩一さん、鈴木賢一さん、知久昌樹さん、中村富美さん、兵藤あおみさん、眞島杏子さん、松本理永さん、宮崎伸二さん、藪島健司さんなど飲み仲間の情報にも助けられました。

情報だけではなく、沖縄のアロハシャツブランド「PAIKAJI」の皆様からは、前作の『世界一周ひとりメシ』同様、今回の旅用にシャツを提供していただきました。

友人のレーサー松下佳成さんは、自分のスポンサー探しで奔走中にもかかわらず、浜松のバイクウェアブランド「HYOD」の皆様に僕の話をしてくださり、今回の旅用に靴を提供していただきました。その後、彼はマン島TTレース中に他界し、取材後半は、彼が靴を介して一緒に旅をしてきたと思っています。

もちろんこの本の担当編集者である幻冬舎の竹村優子さんにも前作に引き続き、お世話になりました。「ひとりメシ」ではありますが、決して「ひとり」ではなく、様々な人の協力で創り上げることができました。この場を借りて厚く御礼申し上げます。あっ、そうそう、口絵の料理写真ですが、カンボジアだけ撮り忘れてしまいました。こちらもこの場を借りてお伝え申し上げます。

本書は、「Ｗｅｂマガジン幻冬舎」（二〇一三年一月〜十月）に連載されたものに書き下ろしを加え、構成した文庫オリジナルです。

幻冬舎文庫

●最新刊
旅はタイにはじまり、タイに終わる
——東南アジアぐるっと5ヶ国
吉田友和

アジアが好きだ。好きで好きでたまらない。そんな思いを胸に、香港、タイ、ラオス、ベトナム、カンボジアへ。汗をかきかき、冷たいビールをぐびっと。嗚呼、生きていて良かった！　大人気旅行記!!

●最新刊
リヤカー引いて世界の果てまで
地球一周4万キロ、時速5キロのひとり旅
吉田正仁

ダメな自分と決別すべく愛車とともに旅に出た。凍傷、強盗、熊との遭遇……過酷な状況を乗り越えられたのは、人々の優しさだった。4年半かけて歩んだ時速5キロの景色を綴った旅エッセイ。

●好評既刊
わたしのハワイの歩きかた
小山田桐子

仕事も恋もままならない編集者・みのりは取材にかこつけハワイに行くことに。飲んで遊んで恋をして。全てを忘れ楽園の風を満喫するはずが——。日常を脱出したい全ての人に贈るラブコメディ！

●好評既刊
洗面器でヤギごはん
世界9万5000km自転車ひとり旅Ⅲ
石田ゆうすけ

世界にはどんな人がいて、どんな食べものがあり、どんなにおいがするのか——。自転車旅行だから出会えた〝食と人〟の思い出。単行本に入りきらなかった20話を大幅に加筆した文庫改訂版。

●好評既刊
道の先まで行ってやれ！
自転車で、飲んで笑って、涙する旅
石田ゆうすけ

自転車世界一周記『行かずに死ねるか！』の著者が、今度は日本各地のチャリンコ旅へ。人、食、絶景との出会いに満ちたロードムービーがてんこもり！　心と胃袋が揺さぶられる紀行エッセイ。

幻冬舎文庫

●好評既刊
中国で、呑んだ！ 喰った！ キゼツした！
江口まゆみ

未知の酒を求めて世界を旅し続ける著者が、少数民族の暮らす中国南部を横断。そこは、かつて見たことのない絶品料理の宝庫だった。「本当の中国のメシと酒」とは？ 抱腹絶倒のエッセイ。

●好評既刊
東南アジアなんて二度と行くかボケッ！ ……でもまた行きたいかも。
さくら剛

パソコン大好き引きこもりが東南アジアに旅に出た。マレーシアで辿り着いた先は、電気も鍵も壁もないジャングルの中の小屋。一気に激やせし、ベトナムでは肺炎で入院。でも旅は続く……。

●好評既刊
インドなんてもう絶対に行くかボケ！ ……なんでまた行っちゃったんだろう。
さくら剛

軟弱な流動食系男子が再びインドへの旅に出た！ゴアのクラブではネコ耳をつけたまま立ち尽くし、祭りに出れば頭に卵を投げられる。怖くて嫌いなインドだけどやはりやめられない魅力がある!?

●好評既刊
旅する胃袋
篠藤ゆり

標高四〇〇〇メートルの寺のバター茶、香港の禁断の食材、砂漠で出会った最高のトマトエッグスープ——。食にずば抜けた好奇心を持つ著者が強靭な胃袋を通して世界に触れた十一の美味しい旅。

●好評既刊
東海道でしょう！
杉江松恋
藤田香織

出不精で不健康な書評家2人が、なぜか東海道五十三次を歩くことに。暴風雨の吉原宿、雪の鈴鹿峠など。日本橋から三条大橋までの492kmを1年半かけ全17回で踏破した、汗と笑いと涙の道中記。

幻冬舎文庫

●好評既刊

ジプシーにようこそ！

旅バカＯＬ、会社卒業を決めた旅

たかのてるこ

憧れの旅の民・ジプシー（ロマ民族）と出会うべく、東欧・ルーマニアへ！　「今」を大事に生きる彼らと過ごすうち、「旅人ＯＬ」てるこの心に決意が芽生え――。痛快怒濤の傑作紀行エッセイ。

●好評既刊

世界中で食べてみた危険な食事

谷本真由美 @May_Roma

中国禁断の刺身、肉アイス、宇宙人色のゼリー……。旧ソ連からチュニジアまで、旅した国の滅茶苦茶な食を綴った爆笑の食べ歩き一部始終。鋭い語り口で多くのファンを持つ著者の名エッセイ！

●好評既刊

世界一周　わたしの居場所はどこにある⁉

西井敏恭

エクアドルで偽の赤道を跨がされ、アフリカの山中では交通事故に遭う。アマゾン川の船中では寝場所さえ奪われて……。アジア、アフリカ、南米と、どこまで行っても完全アウェイの旅エッセイ。

●好評既刊

世界一周できません。

と思ってたらできちゃった

松崎敦史

「自分を変えたい」と会社を辞め、いざ世界一周へ。刺激的な日々が僕を変えてくれ――はしなかった！　旅に出ても何も変わらない、気づいた瞬間からが本当の旅。新感覚ゆるゆる旅行記。

●好評既刊

カミーノ！

女ひとりスペイン巡礼、９００キロ徒歩の旅

森　知子

9年連れ添った年下のイギリス夫から突然離婚を迫られ、傷心と勢いで旅立ったスペイン。目指すは聖地・サンティアゴ。国籍も目的も様々な旅人達と歩く44日間。傷心を吹き飛ばす巡礼エッセイ！

幻冬舎文庫

●好評既刊
LCCで行く！ アジア新自由旅行
3万5000円で7カ国巡ってきました
吉田友和

自由に旅程を組み立て、一カ所でなくあちこち回りたい――そんな我が儘を叶えるLCC。その魅力を体感するため、旅人は雪国から旅立った。羨ましくて読めばあなたも行きたくなる！

●好評既刊
ヨーロッパ鉄道旅ってクセになる！
国境を陸路で越えて10カ国
吉田友和

ヨーロッパ周遊に鉄道網をフル活用！ 車窓の風景を楽しみながら、快適な旅はいかが。仕組みは一見複雑、しかし使いこなせればこれほど便利で賢く魅力的な方法もない。さあ鉄道旅の結末は？

●好評既刊
世界一周デート
魅惑のヨーロッパ・北中南米編
吉田友和　松岡絵里

新婚旅行としての世界一周旅行はヨーロッパを経てアメリカ大陸へ。夫がイタリアから緊急帰国!? アメリカ横断、キューバで音楽に酔い、ブラジルで涙。単行本未収録エピソードも多数公開！

●好評既刊
プリズム
百田尚樹

ある豪邸に家庭教師として通う聡子の前に離れに住む謎の青年が現れる。会うたびに別人のような態度の彼に困惑する聡子。そして衝撃の言葉を耳にする。「僕は、実際には存在しない男なんです」。

●好評既刊
青天の霹靂
劇団ひとり

十七年間、場末のマジックバーから抜け出せない晴夫。テレビ番組のオーディションで少しだけ希望を抱くが、一本の電話で晴夫の運命が、大きく舵を切る。人生の奇跡を瑞々しく描く長編小説。

世界《せかい》一周《いっしゅう》ひとりメシ in JAPAN

イシコ

平成26年7月5日　初版発行

発行人――石原正康
編集人――永島賞二
発行所――株式会社幻冬舎
〒151-0051東京都渋谷区千駄ヶ谷4-9-7
電話　03(5411)6222(営業)
03(5411)6211(編集)
振替00120-8-767643
印刷・製本―近代美術株式会社
装丁者――高橋雅之

幻冬舎文庫

ISBN978-4-344-42218-6　C0195　い-42-2

幻冬舎ホームページアドレス　http://www.gentosha.co.jp/
この本に関するご意見・ご感想をメールでお寄せいただく場合は、
comment@gentosha.co.jpまで。